《巴黎評論》編輯部 編

作家訪談錄 **Ⅱ**

THE PARIS REVIEW
INTERVIEWS *vol. II*

CONTENTS

鈞特・葛拉斯
Gunter Grass

Günter Grass: DIE WOLKE ALS FAUST ÜBERM WALD

— Ein Nachruf —

2. Fassung
April 1990

Vom Sommer achtundachtzig bis in den Winter neunundachtzig
hinein zeichnete ich, unterbrochen nur von ~~neu~~ Tatsachen-
behauptungen des Zeitgeschehens, totes Holz. Ein Jahr-
zehnt ging zu Ende, ~~an dessen Anfang~~ an dessen Anfang
ich mit "Kopfgeburten — oder die Deutschen sterben aus"
mein Menetekel gesetzt hatte; doch was nun, Bilanz ziehend,
unterm Strich stand, war keine Kopfgeburt mehr: anschaulich
lagen Buchen, Kiefern, denen das Strammstehen vergangen
war, Birken, um ihr Ansehen gebracht, vordatiert die Hin-
fälligkeit der Eichen. Und bemüht, diesen ~~~~ Aus-
druck von Forstarbeit zu steigern, traten zu Beginn des neu-
en Jahrzehnt *namentlich* kurz nacheinander Orkane auf, ~~~~ fünf
an der Zahl, *gewillt, mit auf rechten Baumheilung a Mikado zu spielen.*
Es war wie Leichenfleddern. Hinsehen und festhalten. Oft fo-
tografiert und farbig oder schwarzweiß zur Ansicht gebracht,
blieb dennoch unglaubhaft, was Statistiken und amtliche
Waldzustandsberichte bebildern sollte. Fotos kann jeder ma-
chen. Wer traut schon Fotos!
Also zeichnete ich vor Ort: in einem dänischen Mischwald,
im Oberharz, im Erzgebirge, gleich hinterm Haus, wo Wald
dicht ansteht und das Nadelholz aufgegeben hat. Anfangs
wollte ich mich mit Skizzen begnügen und den feingesiebten
~~~~ Rest, was man nicht sieht, was in Ausschüssen
vertagt, in Gutachten und Gegengutachten zerredet oder
im allgemeinen Gequassel beschwiegen wird, aufschreiben,
wie ich anderes , zuletzt den Alltag in Calcutta aufge-
schrieben hatte. Aber über den Wald, wie er stirbt, steht
~~~~ alles geschrieben. Über ~~~~ Ursachen und Verursacher.
Woran und wie schnell oder langsam er auf Kammlagen oder

鈞特・葛拉斯作品《當浮士德越過森林時的雲朵》第二遍草
稿中的一頁手稿。

The Paris Review : Interviews

葛拉斯在當代藝術和文學中的成就十分罕見，他所涉獵的每一種藝術領域以及藝術媒介，都贏得了評論界的尊重還有商業上的成功。他是一位小說家、詩人、散文家、劇作家、雕塑家和畫家。葛拉斯出版的第一部小說，一九五八年的暢銷作品《錫鼓》，就讓他在國際文壇嶄露頭角。這部暢銷書和他之後的系列作品——中篇《貓與鼠》（1961）和長篇《狗年月》（1963）並稱為「但澤三部曲」。他所著的其他書籍還包括：《蝸牛日記》（1972）、《比目魚》（1977）、《相聚在特爾格特》（1979）、《頭位分娩或德國人正在滅絕》（1980）、《母鼠》（1986）以及《亮出你的舌頭》（1989）。葛拉斯總是自己設計書衣，他的書裡也經常有自己畫的插圖。他獲獎無數，其中包括一九六五年的格奧爾格‧布赫納獎以及一九七七年的卡爾‧馮‧奧西埃茨基獎章，他還是美國藝術與科學院的外籍榮譽院士。

　　鈞特‧葛拉斯一九二七年出生在波羅的海沿岸的但澤自由市市郊，現稱為格但斯克，屬波蘭。他的父母是雜貨店老闆。在第二次世界大戰期間他應徵入伍，成為一名坦克射擊手，一九四五年在戰爭中負傷並被美軍俘虜。獲釋之後，葛拉斯先在一家稀土礦廠工作，後來又去杜塞爾多夫和柏林學習藝術。一九五四年他和第一任妻子——瑞士芭蕾舞演員安娜‧施瓦茨（Anna Schwarz）結婚。一九五五年至一九六七年他積極參與「四七社」的活動，這是一個非官方但是影響很大的德國作家與文藝評論家協會，因其在一九四七年九月首次聚會而得名。該協會的會員包括了波爾（Heinrich Böll）、楊融（Uwe Johnson）、艾辛格（Ilse Aichinger），還有葛拉斯。他們團結一起創造並使用了一種新的文學語言，激烈地反對繁複且詞藻華麗的納粹時期宣傳文體，

該協會的最後一次聚會是在一九六七年。

靠著魯赫特漢德出版社（Luchterhand）的微薄資助，葛拉斯和他一家從一九五六至一九五九年在巴黎生活，在這裡，他寫成了《錫鼓》。一九五八年，書稿尚未完成就獲得了「四七社」的年度大獎。這本小說震驚了德國文學評論界和讀者，小說直接犀利地描繪了二次大戰期間德國中產階級的生活。葛拉斯一九七九年的作品《相聚在特爾格特》虛構了德國詩人在三十年戰爭即將結束的一六四七年舉行的一場聚會，這次虛構的聚會和書中的角色一樣，都以戰後的「四七社」為藍本。

在德國，葛拉斯具有爭議性的政治觀點和他的小說一樣出名。他擔任勃朗特（Brandt）的演講稿撰寫人長達十年時間，還是社會民主黨的長期支持者。近來，他還是極少數公開質疑兩德快速統一進程的知識份子。僅在一九九〇年，他就出版了兩本有關該問題的演講集和辯論集。

旅行之外，他把他的時間如此分配：他會去位於石勒蘇益格荷爾斯泰因（Schleswig-Holstein）的住所和自己的第二任妻子烏特・格魯內特（Ute Grunert）團聚，或者前往位於柏林勳納貝格區（Schöneberg）的住宅，他的四個孩子住在這裡，他的助手居內什（Eva Hönisch）在此打理他的事務。

本次採訪分為兩階段，第一階段是在曼哈頓92街的YMWHA當著觀眾的面進行，另一次則是去年秋天在尼德大街（Niedstraβe）的黃房子裡進行，那時葛拉斯正好在短暫停留途中找到了幾個小時的時間。

他在一間有老虎窗的小書房裡接受採訪，書房鋪著木質地板，牆壁粉刷成白色，裝滿書和手稿的盒子在屋角堆得高高的。

葛拉斯穿著斜紋軟呢的休閒服和襯衫。原來他答應用英語接受採訪，這樣就可以繞過後面複雜的翻譯過程，但是當我們提醒他時，他斜著眼睛笑說：「我太累了，我們還是說德語吧。」儘管旅途疲勞未消，他說起話來還是中氣十足，談起他的作品充滿熱情，時常輕聲發笑。後來他的雙胞胎兒子拉烏爾和弗蘭茨來接他們的父親共進晚餐，慶祝他們的生日，採訪就此結束。

　　——伊莉莎白・加夫尼（Elizabeth Gaffney），一九九一年

《巴黎評論》（以下簡稱「評」）：你是如何成為一名作家的？

鈞特·葛拉斯（以下簡稱「葛」）：我想這和我成長的社會環境有點關係。我們家是一個中下階層的家庭，有一套兩間房的小公寓，我和我妹妹都沒有自己的房間，連個屬於自己的角落也沒有。在起居室的兩扇窗之上，有一個小小的角落，剛好可以放我的書和其他雜物——我的水彩顏料等。那時我經常幻想擁有我想要的東西。很早我就學會了在嘈雜的環境中閱讀，所以我很小就開始寫作和繪畫。另一個結果是我現在熱衷於買房子，在四個不同的地方我都有自己的書房，我真的很害怕又再回到小時候的那種狀況：只能在某個小房間裡擁有一角。

評：在這種情況下，究竟是什麼讓你轉向閱讀和寫作，而不是，比如說體育或者其他事務？

葛：還是個孩子的時候，我就是個大話王。幸運的是，我母親還挺喜歡我撒的謊，我向她許諾，說得天花亂墜。我十歲的時候，她就叫我皮爾金（Peer Gynt），她說，你就告訴我些美妙的故事吧，比如說我們將要去那不勒斯的情況之類。因此我很小就開始把自己的謊話寫下來，我還堅持下來了！十二歲的時候，我就開始試著寫本小說，小說是關於卡舒比人（Kashubians）的，很多年後他們出現在了《錫鼓》裡，主人公奧斯卡的祖母安娜，就像我自己的祖母一樣都是卡舒比人。

但是我的第一部小說犯了個錯誤，在第一章結束的時候我所有的角色都已經死光了，我就寫不下去了！這就是寫作上的第一個教訓：小心處理角色的命運。

評：哪些謊言曾給你帶來最大的快樂？

葛：不會傷害別人的謊言，這和那些用來保護自己而傷害別人的謊言是不一樣的。我幹的不是那種事。事實往往是很乏味的，你得給它添加一點謊言。這樣做無傷大雅，我知道我那些糟糕的謊言對於事實往往都毫無影響。比如說，如果我在數年前寫了文章預測當下的德國政治變遷，人們就會講：說的什麼大話！

評：你在第一部小說失敗後，第二次進行的是怎樣的嘗試？

葛：我的第一本書是詩畫集。我寫的詩，頭一稿一定會有插畫也有詩行，有時候是取自某個影像，有時候則取自名人名言。等我二十五歲買得起打字機了，我情願用自己的兩根手指來打。《錫鼓》的第一稿就是用這台打字機打出來的。我年紀大了，聽說我的很多同行現在都用電腦寫作，可我又回到了手寫初稿的狀態！《母鼠》的初稿就是寫在印刷廠給我的一本不劃線的大開本書上。每次我的書要出版前，我都會要一本空白的書用來寫下次的手稿。因此，現在第一稿往往是手寫的，附帶插圖，然後第二稿和第三稿都是用打字機打出來。我從來沒有一本書沒有經過三稿就寫完，很多時候甚有四稿，修正的地方很多。

評：每一稿都是從頭寫到尾嗎？

葛：不是，第一稿寫得很快，要是有漏洞的話，我就讓它去，先不理會。第二稿往往比較長，細節更具體，並且很完整。這時候就沒有漏洞了，但是有點乾巴巴的。第三稿我嘗試著重拾第一稿的隨性，並保持第二稿的精髓，這很困難。

評：寫作的時候，你怎麼安排每天的時間？

葛：當我寫第一稿的時候，我每天寫五到七頁；等寫到第三稿，我每天寫三頁，速度很慢。

評：你是早上寫，還是下午或晚上寫？

葛：不，絕不晚上寫。我覺得晚上寫作不太可靠，因為寫起來太輕巧。早上讀的時候，我就會覺得寫得不好。我需要日光才能寫作。早上九點到十點之前我會好好吃個早餐，閱讀，還有聽音樂。早餐之後開始工作，下午還有個小休時段喝咖啡，然後再開始，晚上七點結束。

評：你怎麼知道什麼時候一本書算是寫完了呢？

葛：當我寫一本史詩長度的小說時，寫作的過程會非常長，一稿一稿寫下來需要四到五年的時間，等到我筋疲力盡的時候，書也就寫好了。

評：布萊希特一直感到應該重寫他的作品，甚至書出版之後，他從來不覺得已經完成了。

葛：我覺得我做不到。像《錫鼓》或者《蝸牛日記》這樣的書，只能在我生命的某一特定時期寫，因為所寫的是我當時的感受和想法。我能肯定如果我坐下來重寫《錫鼓》、《狗年月》或者《蝸牛日記》的話，會把作品毀了。

評：你如何區分你的紀實作品和虛構文學創作？

葛：這個「虛構文學對上紀實文學」的命題毫無意義。對於書商

來說，區分書的門類也許有意義，但是我不喜歡我的書被這樣區分。我總是想像有些什麼書商委員會開會討論，什麼書算是虛構文學，什麼書算是紀實文學，我覺得書商們的這種行為才是虛構的！

評：那麼當你寫散文或者演講稿的時候，所採用的方法、技巧，是不是和你講故事說大話時有所不同？

葛：是的，不同是因為我會遇到我無法更改的事實。我並不常寫日記，但是在準備寫《蝸牛日記》的時候我留了本日記。我當時感覺一九六九年會是不同尋常的一年，這一年會發生真正的政治變革，比單單產生新一屆政府要深刻得多。因此當我在一九六九年三月到九月馬不停蹄為選舉拉票時，我堅持寫日記，這時間確實不短。同樣的事情也發生在加爾各答，那本日記後來被我用來創作小說《亮出你的舌頭》。

評：你如何調和你的政治實踐與你的視覺藝術和寫作之間的關係？

葛：作家並不僅僅關注他們內心的精神生活，他們與日常生活同樣息息相關。對於我來說，寫作、繪畫和政治實踐是三個不同的訴求：每一項都有自己的專注點。我恰好特別願意關注並參與我所處社會的事務，我的寫作和繪畫都免不了與政治有所牽連，無論我是否主觀上想要這麼做。事實上，我並沒有制定一個什麼計畫，把政治帶入我寫的東西之中。再三、再四修刪草稿之際，我發現了一些被歷史遺忘的細節，這還比較接近我的狀況。我既不會去特意寫一個純粹且特定關於什麼政治現實的故事，也覺得沒

有必要去迴避政治話題，政治本身對我們的生活有著巨大的決定性影響，它以不同方式滲透進了我們生活的每個方面。

評：你把那麼多不同類別的藝術形式融入了你的創作中——歷史、美食菜譜、歌詞……

葛：還有繪畫、詩歌、對話、引述、演講、書信等。你看，當我寫史詩式的作品時，我覺得有必要使用語言可能的每一面以及最為多元的語言溝通形式。但是記住，我有幾部書在形式上是非常純正的，如中篇小說《貓與鼠》和《相聚在特爾格特》。

評：你將語言與繪畫交織在一起，這種關聯性是獨一無二的。

葛：繪畫和寫作是我的作品的基本組成部分，但不是唯一的。我有時間的時候也會雕刻。對於我來說，藝術和寫作之間存在一種非常明確的給予和接受的關係，這種聯繫，有時候強烈些，有時候微弱些。過去幾年裡，這種關係變得很強烈。《亮出你的舌頭》就是一個例子，這本書的故事發生在加爾各答，要是沒有圖的話絕對沒法出版這本書。加爾各答地區難以置信的貧困經常使得來訪者陷入語屈詞窮的境地——你找不到語言來形容，繪畫幫助我重新找到了語言的感覺。

評：在這本書裡，詩裡的文字不僅以印刷體呈現，還以手寫的形式疊加在插畫上，這些被當作圖像元素，是插圖的一部分嗎？

葛：詩中的一些元素是由插圖中來的，或者說是插圖所暗示的。靈感一來，我就把這些文字寫在我的插畫上——文字和圖疊加在一起。如果你能讀懂圖畫上的文字，那很好。它們就是為了被人

閱讀才放在那裡的。不過插畫往往包含著最初的構思，那些在我正式坐在打字機之前，最初手寫下來的內容。寫這本書可不容易，我也不知道為什麼。也許是因為主題，加爾各答。我到過那裡兩次，第一次是在我寫《亮出你的舌頭》前十一年，那也是我第一次到印度。我只在加爾各答待了短短幾天，被嚇到了。從最開始，我就有願望想要回去，想要待得長一點，想要看得更多，想要寫些東西。我繼續著我的旅程——在亞洲、非洲——但是無論我看到香港、馬尼拉還是雅加達的貧民窟，我都會想到加爾各答的情況。沒有任何其他我所知的地方能把第一世界和第三世界的問題如此堂而皇之的融合在一起，就這麼赤裸裸地暴露在日光下。

因此，我又去了加爾各答。我失去了駕馭語言的能力，我一個字也寫不出來。在這個時候，繪畫就變得無比重要。這是另一種試圖描繪加爾各答現實的方法。在插畫的幫助下，我終於又可以寫文章了——這就是書的第一部分，算是一種隨筆吧。之後我開始著手寫第三部分，一首長達十二節的長詩。它是一首城市敘事詩，關於加爾各答。如果把文、插畫和長詩合在一起看，你就會發現它們是以相關但各不相同的方式寫加爾各答。這就形成了這三種形式的對話，儘管這三者的肌理是非常不同的。

評：是不是其中有一種形式的肌理要比其他的重要一些？

葛：我可以這麼回答，對我來說，詩是最重要的部分。一部小說的誕生，是從一首詩開始的。我並不是說它永遠那麼重要，但是我離不開它。我需要詩作為一個起始點。

評：也許是因為，比起其他的而言，詩是一種更優雅的藝術形式？

葛：哦，不不不。散文、詩和繪畫在我的作品中以一種非常民主的形式共存著。

評：在繪畫的過程中，有沒有什麼實際的或者感覺上的東西是寫作所不具備的？

葛：有的。寫作本身就是一種艱苦的抽象思維過程。寫作很有趣，但是這種愉悅與繪畫的快樂完全不同。繪畫的時候，我非常敏銳地感覺到是在一張紙上創造物品。這是一種感受，你無法用來形容寫作。事實上，我經常轉而去繪畫，以從寫作的疲憊中恢復過來。

評：寫作那麼讓人不愉快和痛苦嗎？

葛：這跟雕塑有點像。雕塑的時候，你必須從各個方向加以雕琢，如果你在這裡改動了些什麼，就必須在那裡再改。你突然改變了一個平面，雕塑作品就變成了另一樣東西！這有點像音樂。同樣的事情也可以發生在寫作上。我花時間寫了第一稿、第二稿甚至第三稿，或者花很多時間寫了一個長句，或者只是一個句點。正如你所知的，我喜歡句點。寫啊寫啊，感覺都對，所有東西都在那兒了，但是語言感覺有點沉重，然後我改了幾個地方，自己都不覺得那些地方很重要，居然就成了！這就是我理解的幸福，像幸福一樣。這幸福持續了兩三秒，接著我往下一個句點找去，這種感覺就消失了。

評：回到詩歌的話題。你所寫的作為小說一部分的詩，和一般獨

立的詩有沒有什麼不同？

葛：曾經有一段時間，我在寫詩這件事情上很老派。我本來以為好詩積得夠多了，就應該出去找個出版商，畫點插畫，隨後出版。然後你就會有一本美妙的詩集，挺孤立的，只是寫給喜歡詩的人看。從《蝸牛日記》開始，我把詩和散文放在一起寫，詩就有了一種不同的韻味。我沒覺得有什麼理由去把詩和散文分隔開，特別是德國文學傳統中就喜歡把這兩種形式融合在一起。於是，我開始熱衷於把詩放在篇章之間，用詩來定義散文的肌理。而且，認為「詩對我來說太沉重」的散文讀者也有可能發現，有時候詩歌比散文簡單易懂得多。

評：說英語的讀者在閱讀你的作品英文版時，會因為翻譯的關係錯失多少內容？

葛：這我很難回答——我不是一個英語讀者。不過我的確在翻譯過程中出過力。當我和德國出版商討論《比目魚》的手稿時，我要求一份新合約，其中規定一旦我完成手稿，譯者也研究過之後，我的出版商必須安排譯者們齊聚一堂並支付相關費用。我們是從《比目魚》開始這麼做的，然後是《相聚在特爾格特》和《母鼠》。我覺得這很有幫助。譯者熟讀我的作品，問出些很棒的問題，他們對於書的熟悉程度甚至超過了我。這有時候讓我覺得不太開心，因為他們也發現了書中的紕漏並告訴我。見面時，法語、義大利語和西班牙語的譯者互相比較筆記，發現如此合作有利於把書譯成各自的語言。若能讀起來並不覺得是在讀翻譯作品，我當然更喜歡這樣的翻譯。在德國文學圈中，我們很幸運地可以讀到很好的俄語翻譯作品。托爾斯泰和杜思妥也夫斯基的翻譯作品

完美無瑕——它們幾乎成為了德語文學的一部分。莎士比亞的翻譯和其他浪漫主義作家的作品則充斥著錯誤，但是看起來也是很棒。這些作品的新譯版本，錯誤是少了，甚至可以說沒有錯誤，但是不能和施萊格爾（Friedrich von Schlegel）、提克（Ludwig Tieck）的翻譯相提並論。一部文學作品，無論是詩集還是小說，需要一名能夠用他自己的語言重塑這部作品的譯者。我試著鼓勵我的譯者這麼做。

評：你是否認為你的小說《母鼠》就在英語翻譯中吃了虧，因為標題翻譯成英語成了《老鼠》，沒有反映出這是隻母的？《女老鼠》在美國人聽來會覺得不太對勁，《老鼠夫人》則根本不搭。特指一隻母老鼠聽起來不錯，然而無性別的英語單詞「老鼠」會讓人想起那些滿布在地鐵系統裡的醜陋野獸的形象。

葛：德語裡其實也沒有這個詞，是我造出來的，我總是鼓勵我的譯者創造一些新詞。如果一個詞在你的語言中不存在，那就造一個。實際上，對我來說，「女老鼠」聽起來不錯。

評：為什麼這本書中的老鼠是隻母的？這是為了情色的目的，還是女權主義，還是政治目的？

葛：在《比目魚》裡就是隻公老鼠。不過當我變老了，我發現自己的確一直在寫女性，我不打算改變這一點。無論是一個女人還是一隻母老鼠，這無關緊要。我得到了靈感，它讓我又跳又蹦，然後我找到合適的語言和故事，開始撒我的謊。撒謊還是很重要的。我不會對一個男人撒謊——和一個男人坐在一起編造故事沒什麼意義，但是和一個女人在一起就不一樣了！

評：你的那麼多作品，像《母鼠》、《比目魚》、《蝸牛日記》和《狗日子》，主角都是動物，有什麼特別的原因嗎？

葛：也許吧。我總覺得關於人類我們談論得太多了。這個世界人很多，但是也有很多動物，鳥啊魚啊還有昆蟲。它們在我們存在之前就已經存在，等到人類滅亡那天它們依然會繼續存在。我們之間有一個關鍵的區別：我們的博物館裡有恐龍的骨頭，各種存在於數百萬年前的龐然大物。當牠們死去的時候，牠們死得很環保，沒留下任何毒素，骨頭都很乾淨，我們可以發現這一點。人類可不是這樣。我們死的時候會散佈一種可怕的毒素。我們必須瞭解，我們在地球上並不孤單。《聖經》說人類凌駕於魚、禽類、牛和一切爬行動物之上，這教得不好。我們試圖征服地球，結果卻很糟糕。

評：你有沒有從評論中學到些什麼？

葛：儘管我想把自己想成一個好學生，但評論家往往不是好老師。不過還是有過一個時期，我挺懷念的，我從評論中學到了東西。那是「四七社」時期，我們朗讀手稿，討論手稿。我從中學習探討文本，並用理性觀點支持我的意見，而不只是說「我喜歡這樣」。評論不請自來。作者會討論技法，怎麼寫一本書，諸如此類的事情。而評論家，他們對於作者如何寫書有著自己的期待。評論家與作者齊聚一堂，這對於我來說是個不錯的經歷，也是重要的一課。實際上，這一時期對於戰後德國文學很重要。戰後有那麼多的迷茫，特別是文學圈內，因為在戰爭中長大的一代——也就是我這代人——要麼沒受到教育，要麼被教偏了。語言被污染，重要的作家都移居海外，沒有人對德國文學有什麼期待。

「四七」學社的年會給我們提供一個背景，使德國文學得以再次浮現。很多與我同時代的德國作家都被打上「四七社」的印記，儘管有些人並不承認。

評：那些出版的評論文章呢，在雜誌、報紙或者書中發表的文章，它們對你有沒有影響？

葛：沒有。我倒是從其他作家那裡學到了東西。德布林（Alfred Döblin）就對我造成了影響，我特意寫了篇關於他的文章，叫〈我的老師德布林〉。你能從德布林這裡學到東西而不用冒險去模仿他。對我來說，他比湯瑪斯‧曼重要得多。德布林的小說並不對稱協調，不像湯瑪斯‧曼的經典結構，他寫這些的風險也要大得多。他的書內容豐富，開放性大，靈感勃發。我很遺憾，在美國和德國，他都只因為《柏林亞歷山大廣場》為人所知。我還在學習中，有很多其他作家給我上過課。

評：美國的作家呢？

葛：梅爾維爾一直是我的最愛。我也很喜歡讀福克納、沃爾夫，還有帕索斯。現在美國沒人像帕索斯那麼寫作了——他對於群體的描繪簡直棒極了。我很懷念一度存在於美國文學中的史詩傳統，現在太知識份子化了。

評：你覺得電影版的《錫鼓》怎麼樣？

葛：施隆多夫（Schlöndorff）導了一部好電影，即使他沒有完全按照小說的文學形式來操作。也許這是必須的，因為如果從奧斯卡的視點出發——奧斯卡作為主角講述故事，總是從一個時期

跳躍到另一時期，那麼電影就會變得很複雜。施隆多夫用了一種簡單的方式——他按照時間順序來講這個故事，當然書中有些段落施隆多夫在電影中完全沒有採用。我覺得有些可惜，電影裡有些場景我也不喜歡。在天主教堂的那一段效果不好，因為施隆多夫完全不懂天主教。他是個德國新教徒，導致影片中的天主教堂看起來像個有懺悔室的新教教堂。但這只是個小細節，總體上來說，特別是在扮演奧斯卡的那個小演員的幫助下，我認為這是部好電影。

評：你對於奇異的事物有種特別的興趣——我對於《錫鼓》中那個鰻魚蠕動著爬出馬頭的場景記憶猶新，這是從哪兒來的靈感？
葛：這是我自己想出來的。我從來就不理解，為什麼這一段，一共六頁長，那麼地讓讀者困惑。這是一段幻想的現實，我用與描繪其他細節一樣的方式寫了出來。但是由這幅畫面所引發的死亡和性的聯想，讓人們感到無比的噁心。

評：德國的統一對於德國人的文化生活造成了什麼重大影響？
葛：沒人聽那些反對兩德統一的藝術家和作家的話。不幸的是，大多數知識份子沒有介入這場討論，我不知道是出於懶惰還是漠不關心。早先，前德國總理勃朗特就講過，通往德國統一的列車已經駛離月台，沒有任何人能夠阻止它。一股盲目的群體熱情推動事情向前發展。愚蠢的比喻被當成事實，以確保沒有人思考統一會給東部德國的文化帶來多大的毀壞，更不用提經濟了。不，我可不想乘上這麼一列火車，完全無法駕馭且對於警示信號毫無反應；我情願留在月台上。

評：德國媒體尖銳地批評了你對於統一的觀點，你對此有何回應？

葛：哦，我都已經習慣了。這並不影響我的觀點。兩德統一的進程以一種違背我們基本法的方式進行。應該在兩德統一之前就制定新的憲法——一部適合統一後德國的憲法。結果是，我們沒有制定一部新的憲法，取而代之的是所有東德聯邦州歸附於西德，這一切做得漏洞百出。憲法中的一章允許個別東德聯邦州成為西德的一部分，憲法中也規定東德人，比如從東德叛逃到西德去的人可以獲得西德公民權。這是一個現實的問題，因為並不是關於東德的所有事情都是不好的，只不過是政府腐敗而已。而現在所有東德的一切——包括他們的學校、他們的藝術、他們的文化都被貶得一文不值，受到壓制。這已經被打上深深的烙印，全部的東德文化都會消失。

評：兩德統一是你在書中經常會提到的歷史事件。你在描寫這類史實的時候，會不會去還原歷史的真實？虛構的歷史，比如你的著作，如何對我們在課本和報紙上讀到的歷史進行補充呢？

葛：歷史比新聞要豐富得多。我在兩本書中對於歷史的進程尤其關注：《相聚在特爾格特》和《比目魚》。《比目魚》書中，講的是關於人類營養史的發展過程，關於這一題目的素材並不多——我們通常只管那些與戰爭、和平、政治鎮壓和黨派政策相關的內容叫歷史。營養和人類進食的歷史是一個重要問題，尤其是現在，饑餓和人口爆炸在第三世界橫行。無論如何，我必須為這一歷史創造出文獻記錄，因此我決定用一種童話的方式來作為引導。童話基本上說的都是事實，裝入我們的生活經歷、夢想、欲

望和我們迷失於這個世界上的核心內容。因此，它們比很多事實都要更真實。

評：那你書中的角色呢？

葛：文學角色，尤其是那些書中的主角，是很多不同的人、不同意見、不同經歷全部捆綁在一塊兒的組合。身為寫作的人，你要去創造發明角色——有一些你喜歡，另一些則不喜歡。當你能進入這些角色，你才能成功。如果我無法從內心理解我自己創造出的角色，他們就會是紙片人，僅此而已。

評：他們有時會在幾本不同的書中重複出現，我想起了圖拉、伊薩貝爾、奧斯卡和他的祖母安娜。在我的印象中，他們都是一個虛構世界中的成員，當你剛開始寫作的時候，你有沒有想過把他們分別作為一個獨立的存在？

葛：當我開始寫一本書的時候，我繪製出幾個不同角色的草稿。隨著寫書進度的深入，這些虛構的人物就開始活出他們自己的生命。比如在《母鼠》中，我從來就沒有準備讓馬茲拉特先生以一個六十多歲老頭的身分再登場，但是他不斷地毛遂自薦，堅持要被包括在情節發展中，表示「我還在這兒呢，這也是我的故事。」他想要在書中出現。我在這些年裡總是發現，那些被創造出的角色開始提要求了，和我頂撞，甚至拒絕登場。我建議應該偶爾注意一下這些角色，當然，人得聽自個兒的。這會變成一種對話，有時候非常激烈，那就成了合作。

評：為什麼圖拉·波克利夫卡（Tulla Pokriefke）成為了你那麼

多小說的主角？

葛：她性格不佳且充滿矛盾，在寫這些書的時候我很受感動。我無法解讀她。如果我真的那麼做的話，我就得寫一整個解釋，我最恨解釋了！請你自己解讀。在德國，高中生們來到學校，想要的就是讀一個精彩故事，或者一本寫到某個紅髮人的書，但是這不被允許，他們轉而被指導去分析每一首詩、每一頁文字，去探究詩人到底在說什麼。這和藝術就完全無關了，你可以做技術性的解釋，闡釋它的功用，但是一幅圖畫、一首詩，或者是一個故事、一本小說實在有太多可能性了。每一個讀者都在重新創造一首詩。這就是我為什麼痛恨闡釋和解釋的原因，不過我仍然很高興你還記得圖拉 · 波克利夫卡。

評：你的書經常從很多角度講故事。《錫鼓》裡，奧斯卡從第一人稱講到了第三人稱。在《狗年月》裡，敘事角度從第二人稱變到了第三人稱。還有其他的例子。這種技巧是如何幫助你表達你對於世界的觀點的？

葛：人得找出新鮮的角度。比如說奧斯卡·馬茲拉特，一個侏儒——一個成年後依然是孩童的人，他的體型還有逆來順受，成為許多不同觀點的完美載體。他有宏偉的妄想，因此有時會用第三人稱表達，就像年紀小的孩子有時也會這麼做。這是他給自己臉上貼金，就像皇室用語「我們」，還有戴高樂的說話方式，「我，戴高樂……」這些都是保持一定距離的敘事姿態。在《狗年月》中，有三種敘事角度，依照狗的角色的不同而各有不同，狗就是一個折射點。

評：在你的職業生涯裡，你的興趣是如何改變的，你的風格是如何形成的？

葛：我的三本重要小說，《錫鼓》、《狗年月》和中篇小說《貓與鼠》，代表一個重要時期──六〇年代。德國人關於第二次世界大戰的經驗，是這三本書的核心內容，它們構成了「但澤三部曲」。那時候我特別覺得有必要在作品中寫納粹時期的歷史，探究它的前因後果。幾年之後，我寫了《蝸牛日記》，也和戰爭歷史相關，卻偏離了我的文章風格和形式。情節發生在三個不同的時期：過去式（二次大戰），現在式（一九六九年的德國，也是我寫書那時候），還有未來式（由我的孩子來代表）。在我腦海裡，在書裡也是，所有這些時期都混雜在一起。我發現在語法學校所教的動詞時態──過去式、現在式和未來式──在現實生活中並沒有那麼簡單。每一次我想到將來的時候，我關於過去和現在的知識都在那裡，影響著我所謂的「將來」。昨天說的那些句子並不一定是過去，也不一定和過去相關──它們也許會有一個將來。思想上，我們並不受限於時間順序，我們同時可以意識到許多不同的時間點，就好像它們只是一個一樣。作為一名作家，我必須要接受這種時間和時態的重疊，並能夠把這現象表現出來。這種時間的主題在我的作品中變得越來越重要。《頭位分娩或德國人正在滅絕》是以一種全新的方式來講述的，我發明的，叫過去現在將來式（Vergegenkunft）。這是用「過去」、「現在」和「將來」三個詞拼起來的，在德語裡，你可以把字組在一起構成複合字。Ver 代表過去（Vergangenheit），-gegen- 代表現在（Gegenwart），-kunft 代表將來（Zukunft）。這個新的組合時態在《比目魚》中也很重要。在那本書裡，敘事者在時間裡一

再重生，而他的許多不同自傳也提供了新視角，每一個角度都用現在式。以那麼多不同時期的角度，從現在回望，和未來保持聯繫，如此寫成一本書。我覺得我需要一個新形式。這本小說是一種開放形態，我發現我可以在書裡從詩歌跳躍到文章。

評：《蝸牛日記》書裡，你將當代政治與二戰期間降臨到但澤市猶太社區的一個虛構事件融合在一起，是否意識到你以一九六九年為勃朗特所撰寫的演講稿和參與助選會的事成為了一本小說的素材？

葛：我沒有選擇，只能繼續競選計畫，無論是不是會寫書。我生於一九二七年的德國，我十二歲的時候二戰爆發了，十七歲二戰結束了。我身上充滿了德國過去的回憶。不是我一個人，還有其他作家有同樣的感受。如果我是一名瑞典或者瑞士作家的話，我也許會更戲謔一點，說點關於二戰的笑話之類。然而這不可能，我的背景讓我沒有其他選擇。在五、六〇年代，阿登納（Adenauer）執政時期，政治家們不喜歡談論過去，要麼他們說了也是把它描繪成是一個我們歷史上的魔鬼時期，惡魔們背叛了可憐、無助的德國人民。他們撒著瀰天大謊。告訴年輕一代，究竟發生了些什麼，在朗朗乾坤下發生了什麼，可以說得慢點但是要有系統，這一點是非常重要的。在那時，每一個人都可能看過、見過究竟發生了什麼事，如今，德意志聯邦共和國成立四十年了，最好的一點就是我們可以談論納粹時期了。戰後文學在促成這一點上扮演了重要角色。

評：《蝸牛日記》一開始是這樣的——「親愛的孩子們」，這是

對於整個在戰後成長起來的一代的呼籲，也是對你自己的孩子說的吧？

葛：我想要解釋種族滅絕的罪行是如何犯下的。我的孩子們出生在戰後，他們有一個出去參與助選集會，在週一早上發表演講，直到第二週週六才回家的父親。他們問道：「你為什麼這麼做？你為什麼總不在我們身邊？」我想要跟他們解釋，不僅僅是口頭的解釋，也通過我的作品。當時在任的總理基辛格（Kurt Georg Kiesinger）在戰爭期間曾經是名納粹。所以我不僅僅為了一個新的德國總理而助選，我也為了反對納粹的過去。在我的書裡，我不想只限於抽象的數字——「有那麼多那麼多的猶太人被屠殺了」，六百萬是一個無法理喻的數字，我想要一種更為實際的震撼。

因此我選擇從但澤市猶太教堂的歷史引出我的故事，這座猶太教堂矗立在市中心幾百年了，直到二戰期間被納粹德軍摧毀。我想要記錄下那裡發生過的史實。在這本書的最後一幅場景裡，我把這些史實和現實聯繫在一起，寫了關於我準備紀念杜勒（Albrecht Dürer）三百年誕辰的演講。這一章節是對於杜勒的雕刻作品《悲喜劇》的改編，把悲喜劇的效果投射到了人類歷史上。我覺得一種文化悲喜劇的形式會是德國人對待屠殺猶太人的正確態度。悔恨而又悲痛，它提供關於屠殺猶太人原因的洞見，這會延續到我們的時代，成為我們重要的一課。

評：這是你許多作品中非常典型的一點，關注當今世界的某些悲慘，以及那些在不遠處的恐怖。你的用意是否是去教育、警示或者去引導你的讀者去做些什麼？

葛：簡單來說，我不想欺騙他們。我想要展示他們所在的環境，或者他們想要的世界的樣子。人們鬱鬱不樂，不是因為所有事情都很糟糕，而是因為我們作為人類有能力去改變事情，卻沒有那麼做。我們的問題是由我們自身引起的，由我們所決定，也應由我們來解決。

評：你的行動主義延伸到環境和政治話題，你還將此融入你的小說。

葛：過去幾年，我旅行四方，在德國以及其他地方。我看了很多，也畫了很多正在死亡的受污染的地域。我出版了一本書冊叫做《樹木之死》，就是涉及這麼一種地域，位於聯邦德國和那時還是德意志民主共和國之間。那裡，遠在政治整合之前，德國的統一就以森林死亡的形式開始了。西德與捷克斯洛伐克之間的山嶺地帶也是如此。看起來就像是發生了一場屠殺。我把我在那裡看到的都畫了下來。圖畫有簡短而寓意深刻的標題，當作是評論更甚於描述，還有結語。關於這一類的主題，繪畫與寫作的比重相同，甚至比寫作更重要。

評：你是否認為，文學有足夠的力量來描繪一個時代的政治現實？你進入政治圈，是否因為作為一名公民，你能夠比一名作家做更多的事？

葛：我並不認為政治應由政黨去決定；那樣會很危險。有很多關於「文學能否改變世界」的討論會和研討會，而我認為文學有改變世界的威力，藝術也是。感謝現代藝術，我們已經改變了觀看的習慣，我們自己都幾乎沒有意識到，就好比立體主義的發明給

了我們新的視覺力量。喬伊斯在《尤利西斯》中的內心獨白影響了我們理解存在的複雜性。問題是，文學所造成的改變是無法測量的。一本書和讀者之間的互動是和諧的，也是匿名的。

書籍究竟在何種程度上改變了人類？我們對此瞭解不多。我只能說，書籍對於我來說是至關重要的。我年輕時候，大戰結束之後，卡繆的《薛西弗斯的神話》對我相當重要。著名的神話英雄被罰將石頭滾上山頂，石頭又會再滾下來——傳統上是個貨真價實的悲劇形象，但在卡繆的闡釋中，卻變成了他在宿命中享受幸福感。持續不斷的看似徒勞的重複滾石上山，實際上就是滿足其存在的行動。如果有人把石頭拿走了，他可能還會不高興。這一闡釋對我產生了巨大影響。我不相信什麼終極目標；我不認為石頭會停留在山頂上。我們可以把這一神話變成對人生活狀況的積極闡釋，即使它站在每一個理想主義和意識形態的對立面，也包括德國的理想主義。每一種西方的意識形態都對終極目標做出了承諾——一個幸福的公正的或者和諧的社會。我不相信這個，我們是流動的事物。也許石頭將永遠從我們身邊滾離，又必須滾回來，但這是我們必須要做的事，石頭屬於我們。

評：你如何看人類的未來？

葛：只要我們還被需要，人類就有未來。我沒法用一個字來告訴你，我也不想只用一個詞來回答這個問題，我寫過一本書，《母鼠》——或是《女鼠》、《鼠女士》，你還指望什麼呢？這是對於你的問題的一個長長的回答。（吳筠／譯）

（原載《巴黎評論》第一一九期，一九九一年夏號）

保羅　·　奧斯特

Paul Auster

奧斯特《神諭之夜》的一頁手稿。

The Paris Review : Interviews

一九八五年，「紐約三部曲」首部中篇《玻璃之城》被十七家紐約出版社拒絕後，由舊金山的日月出版社（Sun and Moon Press）出版。另兩個中篇《鬼靈》和《禁鎖的房間》，於次年發行問世，那時奧斯特三十八歲。儘管他定期撰寫評論和翻譯，並且在一九八〇年出版散文詩《白色空間》，但三部曲算是真正開啟了他的文學事業。

奧斯特在《失意錄》（1997）中記錄了那些作品出版前的時光。六〇年代末，他在哥倫比亞大學念書，隨後上了艘油輪工作數月，接著搬去巴黎，在那兒靠翻譯勉強度日。他創辦了一本小雜誌《小手》，並與他的首任妻子莉迪亞·戴維斯（Lydia Davis）一起開了間同名獨立出版社。一九七二年，他出版處女作，一本名為《超現實主義詩歌小輯》的譯作集。一九七四年，他回到紐約城，從事各項商業投機活動，包括試圖販賣一種他發明的棒球卡遊戲。一九八二年，奧斯特出版了他的第一本散文體作品《孤獨及其所創造的》，這是他在父親去世後不久開始寫的回憶錄，也是對父性的深刻探討。

三部曲之後，奧斯特幾乎每年出版一本書。一九八七年，小說《末世之城》面世，隨後便是他的其他小說，包括《月宮》（1989）、《機緣樂章》（1990）、《巨獸》（1992）及《幻影書》（2002）。一九九一年，他被法國政府授予「法國藝術及文學勳章」騎士勳位（並於一九九七年晉升至軍官勳位）。

奧斯特的作品範圍甚廣──小說、散文、翻譯、詩、戲劇、歌曲，還有和其他藝術家的合作（包括卡勒〔Sophie Calle〕和梅瑟〔Sam Messer〕）。他也寫過三個電影劇本：《煙》（1995）、《鼻青臉腫》（1995）及亦由他執導的《綠寶機密》

（1998）。他的第九本小說《神諭之夜》將於今年（2003）稍後出版。

　　以下訪談始於去年秋天在紐約城 92 街 Y 烏恩特伯格詩歌中心的一次現場採訪，並於今年一個夏日午後在奧斯特的布魯克林家中完成，他和妻子希莉‧哈斯特維特（Siri Hustvedt）住在那兒。這位和藹的主人親自接待，並為工人正在那幢十九世紀褐石建築內安裝中央空調道歉，隨後帶我簡短的參觀：客廳裡裝飾著他的朋友梅瑟和里德（David Reed）的畫作；前廳裡則是一系列的家庭照；底層工作室內，書架靠牆排列；當然，在他桌上，是那台著名的打字機。

　　　　　　　　　　　　——邁克爾‧伍德（Michael Wood），二〇〇三年

《巴黎評論》（以下簡稱「評」）：讓我們先來談談你的工作方式，談談你是如何寫作的。

保羅·奧斯特（以下簡稱「奧」）：我一直用手寫。大部分時候用鋼筆，但有時候也用鉛筆——尤其是修改時。如果能夠直接在打字機或電腦上寫，我當然會那麼做。但鍵盤總是讓我害怕。手指保持那種姿勢的時候，我絕對無法清晰思考。筆是一種基本得多的工具，你感覺到詞語從你的身體裡冒出，隨後你把這些詞語刻入紙頁。對我而言，寫作一直有那種觸感。這是一種身體經驗。

評：而且你在筆記本上寫，不用標準拍紙簿或活頁紙。

奧：對，總是寫在筆記本上。而且我特別迷戀那種帶方格線的筆記本——小方格簿。

評：但那台著名的奧林匹亞打字機呢？關於那台機器，我們知道得不少——去年，你和畫家梅瑟合出了一本精彩的書《我的打字機》。

奧：那台打字機是一九七四年就有的了——至今已超過我的半生。我是從一個大學朋友那兒二手買來的，現在它一定有將近四十歲了。那是另一個時代的遺物，不過依舊狀況良好。它從沒壞過，我只需要每隔一段時間換一下色帶。但我擔心有一天再也沒有色帶可以買——那樣我將不得不邁入數位時代，加入二十一世紀。

評：精彩的奧斯特短篇。有那麼一天，你出門去買最後一條色帶。

奧：我已經做了一些準備，囤了點庫存。我想我家裡大約有六、七十條色帶。我很可能會堅持用打字機用到底，儘管不時有人極力慫恿我放棄。它麻煩又不便，但它也讓我沒法偷懶。

評：為何如此？

奧：因為打字機迫使我一旦完成就再從頭開始。用電腦的話，你在螢幕上修改，隨後你列印出清樣。用打字機，除非你從頭開始再打一次，沒法有份清樣。這是個難以置信、單調乏味的過程。你已經把書寫完了，現在卻得花上好幾週的時間，專注於這純粹機械式的工作，把你已寫好的東西再謄一遍。這對你的頸部不好，對你的背不好，而就算你能一天打二十到三十頁，完成的紙頁疊起的速度依舊極度緩慢。那種時候我總想改用電腦寫作，然而每次迫使自己經過一本書的最後階段之後，我最終會發現這一步有多重要。打字逼我以一種新的方式體驗該書，使我投身於敘事流中並感受它是如何以一個整體發揮功用。我把這過程叫做「用我的手指閱讀」，而令人驚異的是，你的手指會發現那麼多錯誤，而眼睛從未注意到。重複，笨拙的結構，破碎的節奏，屢試不爽。我以為已經把這本書寫完了，就開始再打一遍，結果發現還有更多工作要做。

評：讓我們再回過來談談筆記本。《玻璃之城》裡的奎恩，在一本紅色筆記本上記錄他的觀察。《末世之城》的敘事者布盧姆在一本藍色筆記本上寫信。在《昏頭先生》裡，沃爾特在十三本學校硬皮作文簿上寫自傳。而《在地圖結束的地方》的錯亂的主人公克里斯馬斯，在去世前將他整個一生的作品費力運到巴爾的摩

送給他的高中英語老師──七十四本筆記，裡面有「詩歌、故事、散文、日記、警句、自傳體冥思，還有一篇未完成的史詩《流浪的日子》的前一千八百行」。筆記本也出現在你最新出版的小說《幻影書》和《神諭之夜》裡。更不用說你那本收集真實故事的《紅色筆記本》。對此我們該作何感想？

奧：我想我把筆記本看做詞語的居所，視為可供思索和自我檢視的祕密之地。我不但對寫作的結果感興趣，而且對其過程、對於將詞語置於紙頁上的行為感興趣。別問我為什麼。或許與我早期的疑惑有關，那是一種對虛構本質的無知。年輕的時候，我常常會問自己，這些詞是從哪兒來的？誰說的？傳統小說裡，第三人稱敘事的聲音是一種奇怪的工具。我們如今習慣了，接受了，我們不再質疑它。但當你停下來細想，那個聲音便有一種古怪、空洞的特質。它好像憑空出現，而我覺得這令人不安。我總是被那種自我回歸的小說所吸引，它們帶你進入書的世界，正如書又帶你進入現實世界。可以說，書稿本身成了主人公。《咆哮山莊》就是那種小說。《紅字》也是。當然，框架是虛構的，但對我來說它們賦予了故事一種其他小說所沒有的理據和可信度。它們假定作品是一個幻影──更傳統的敘事形式並不如此，而一旦你接受了這創作的「不真實」，它便看似矛盾地反而加強了故事的真實性。詞語並非由一個看不見的作者之神刻在石頭上的，它們代表了有血有肉的人性努力，而這相當有說服力。讀者在故事展開的過程中成為一個參與者──而不只是一個疏離的觀察者。

評：你初次意識到自己想當作家是在什麼時候？

奧：就在我明白自己成不了大聯盟棒球選手之後一年吧。差不多

十六歲之前，棒球幾乎是我的人生大事。

評：當時你打得多好？

奧：很難講。如果我持之以恆，或許可以進入低級別的小聯盟。我擊球不錯，時而有強打出現，但跑得不是非常快。通常我守三壘，算是反應迅速而且臂力夠——但常把球傳丟。

評：任何人只要熟悉你的作品，都知道你是個球迷，幾乎每一本都有提到棒球。

奧：我曾熱愛打球，而現在我仍然喜歡看球，喜歡想想相關的事。棒球以某種神祕的方式提供一個開口，通向世界，讓我有機會認識自己。我很小的時候，身體不太好。我有各種各樣的生理病痛，我與母親一起坐在醫生辦公室裡的時間多過我和朋友們在外面亂跑的時間。直到四、五歲之後，我才強壯到足以參加體育活動。而當我能參加時，便充滿熱情地投入其中——彷彿是要彌補失去的時間。打棒球教會我如何與他人相處，讓我明白了假如我花心思在其中，或許真的可以成就某樣東西。但除了這一點個人經驗，球賽本身自有其美。它是無盡的快樂源泉。

評：從棒球轉向寫作並不尋常——我會這麼說，部分是因為寫作是一項那樣孤獨的事業。

奧：春、夏打棒球，但我一年四季都在讀書。我很早就迷戀於此，長大後這迷戀更強烈。有誰年輕時不是貪婪的讀者而能成為作家，我才不信。真正的讀者理解，書中自成世界——而那個世界更豐富、更有趣，超乎個人經驗。年輕男女會成為作家，應該

就是為此——遨遊書海自得其樂。你活得還不夠久，還沒有很多東西可寫，但那樣一個時刻到來了，你意識到那就是你生來該做的事。

評：早期受過什麼影響？你高中時讀些什麼作家？

奧：大部分是美國作家……就通常的那幾位。費茲傑羅、海明威、福克納、帕索斯、沙林傑。但到十一年級時，我開始探索歐洲人——大部分是俄羅斯和法國作家。托爾斯泰、杜斯妥也夫斯基、屠格涅夫，卡繆和紀德。但也看喬伊斯和曼，尤其是喬伊斯，我十八歲時，他對我而言壓倒了其他所有的人。

評：他對你有最大的影響？

奧：一度是的。但在不同的時候，我嘗試著像每一位我正在閱讀的小說家那樣寫作。年輕時你會受到各種影響，每過幾個月就會改變想法。這有點像試戴新帽子。你還沒有自己的風格，於是不自覺去模仿你崇拜的那些作家。

評：對你作品有影響的作家，之前你曾提到過的有：塞萬提斯和狄更斯，卡夫卡和貝克特，還有蒙田。

奧：他們都在我身體裡。許多作家在我身體裡，但我認為，我的作品讀起來或感覺上並不像其他什麼人的作品。我不是寫他們的書，我寫我自己的書。

評：你似乎也很迷戀十九世紀的美國作家，他們的名字出現在你的小說裡，頻率高得令人吃驚：愛倫坡、梅爾維爾、惠特曼、愛

默生、梭羅和霍桑——霍桑出現得最多。范修，《禁鎖的房間》裡的一個人物名，來自霍桑；《末世之城》以霍桑的格言開頭；在《鬼靈》裡，霍桑的故事《韋克菲爾德》成為了小說結構的一部分；而在《幻影書》裡，霍桑的另一個故事《胎記》是金默和阿爾瑪之間一次重要談話的主題。而且今年五月，你發表了一篇關於霍桑的長文，也就是紐約書評雜誌社出版的《爸爸筆下與朱利安和兔寶寶共處的二十天》一書的序言。你能說說對霍桑這持久的興趣嗎？

奧：所有過去的作家，我覺得和他最為親近，最能打動我。他的想像力中有某種東西，似與我的想像力形成共振，而我不斷地回到他那兒，不斷地從他那兒學習。他是一位很有想法的作家，但他也是一位心理學大師、人類靈魂的深邃解讀者。他的小說是徹底的革命性，那種東西之前在美國從來沒出現過。我知道海明威曾說，所有的美國文學都來自於《頑童歷險記》，但我不同意。美國文學開始於《紅字》。

但霍桑除了他的短篇和小說外，還有更多。我對他的筆記本同樣感興趣，其中包含了他的一些最出色、最有才華的文章，因此我才這樣熱衷於促成《二十天》作為一本獨立的書出版。它被收在《美國筆記本》裡頭好多年了，但這個學術版本要賣差不多九十美金，很少有人會費心去讀。一八五一年那三個星期裡霍桑照顧他五歲兒子時所寫的日記，是一本自足的作品。這篇作品能夠獨立存在，極有魅力，極盡冷面幽默，向我們展示了霍桑全然新鮮的一面。他不是大多數人所認為的那個陰鬱、受難的形象——或說不僅只於此。他是位有愛的父親和丈夫，喜歡抽根雪茄，來上一、兩杯威士忌，而且他有趣、慷慨、熱心。他超害羞，是的，

但他也能享受世上的簡單樂趣。

評：你的作品有許多不同類型，不但有詩和小說，而且有劇本、自傳、評論和翻譯。你覺得它們對你而言是非常不同的活動，還是其中存在某種方式的相互聯繫？

奧：有聯繫，但也有重要差別。而且──我想，這也需要考慮進去──有時間的問題，我所謂的內在演變。我已經多年沒有做任何翻譯或寫評論。那些是我年輕時熱衷關注的，從我十八、九歲到二十八、九歲。兩者都是關於探索其他作家，關於學習自己如何成為一個作家。你可以說，是我的文學學徒期。此後我也稍稍做過一些翻譯和評論，但並不多。而我寫最後一首詩是在一九七九年。

評：發生了什麼事？你為什麼放棄？

奧：我碰壁了。我花了十年，把大量精力用在詩的創作，然後我意識到我把自己寫盡了，才思枯竭了。對我而言這是個黑暗的時刻。我以為作家生涯完蛋了。

評：你的詩人身分消失，但最終以小說家之姿重生。你認為這轉變是如何發生的？

奧：明白了我不再在乎，不在乎要做「文學」，我想就是那一瞬間之事。我知道這聽起來很奇怪，但從那個時點起，對我來說寫作成為了另一種經驗，當我沉溺了差不多一年、終於重新出發時，詞語出口成章。唯一重要的是把該講的好好講出來。不考慮已然建立的慣例，不擔心它聽起來如何。那是在七〇年代後期，

從此我一直基於那種精神工作。

評：你的第一本散文體作品是《孤獨及其所創造的》，寫於一九七九至一九八一年間。非虛構類作品。那之後，你寫了三個小說，被稱為「紐約三部曲」：《玻璃之城》、《鬼靈》和《禁鎖的房間》。你能精確地說出這兩種形式的寫作有何不同嗎？

奧：努力是同樣的，要把句子寫好是同樣的。但想像作品比非虛構作品給予你更多的自由和機動性。另一方面，那種自由經常令人慌張。接下來會如何？我怎麼知道我所寫的下一個句子不會令我跌下懸崖？對於自傳性作品，你提前知道了故事，而你的首要職責是講述事實。但那不會令工作更簡單些。《孤獨及其所創造的》第一部分，我引了赫拉克利特的句子——用的是達文波特（Guy Davenport）不正統但優雅的翻譯：「要追尋真理，就要準備好遇上意外，因為追尋真理之路並非一帆風順，尋到真理之時亦會令人迷惑不解。」最終，寫作就是寫作。《孤獨及其所創造的》或許不是本小說，但我想它探討了許多我在寫小說時著手處理的同樣問題。從某種意義上說，這是我所有作品的基石。

評：那麼劇本呢？你參與了三部電影的製作：《煙》、《鼻青臉腫》和《綠寶機密》。寫劇本和寫小說有什麼不同呢？

奧：每方面都不同——除了一個關鍵的相似點。你試圖講一個故事，但可供你使用的手段迥然不同。小說是純粹的敘事；劇本則類似戲劇，而在所有的戲劇寫作中，唯一有用的詞語是對話。碰巧，我的小說通常不會有許多對話，所以要為電影工作，我就不得不學習一種全新的寫作方式，教會自己如何用圖像思考，如何

把詞語放進活人嘴裡。

劇本是一種比小說寫作更具限制性的形式，有其長處和短處，有它能做到的事和它不能做到的事。比如說，時間問題在書和電影裡以不同的方式運作。在小說裡，你可以把一長段時間壓縮成僅僅一句話：二十年來，每天早晨我都會走到街角報攤買一份《每日軍號報》。在電影裡就不可能這樣做。你可以展示一個人在特定的一天走上街買了份報紙，但沒法展示二十年裡的每一天。電影發生在現時。甚至當你使用回溯手法，過去也總是被處理成現時的另一個化身。

評：《孤獨及其所創造的》有個短語我一直很喜歡：「軼事作為一種知識形式。」這是個非常重要的觀念。知識不一定要以公告、宣言或解釋的形式出現，它可以以故事的形式出現。我覺得那就是《紅色筆記本》裡那些篇章背後的指導精神。

奧：我同意。我把那些故事看做一種「詩藝」——但沒有理論，沒有任何哲學包袱。我的生活中發生了那麼多奇怪的事情，那麼多未曾預料到、幾乎不可能的事件，我不再肯定我是否明白現實是什麼。我能做的只有談論現實的機制，收集世事流轉的證據，試圖盡可能忠實地將之記錄下來。我在小說裡使用了那種方式，與其說是一種方法，倒不如說那是出於信念。我的方式是：按照實際發生的樣子呈現事件，而不是照著應該發生的樣子或我們希望發生的樣子來呈現。當然，小說是虛構，因此它們說謊（以這個詞最嚴格的意義而言），但通過這些謊言，每個小說家都試圖講述關於世界的真相。合而觀之，《紅色筆記本》裡的小故事就等於一篇立場聲明，表明我看世界的方式，關於經驗不可預測性

這個最基本的真相。其中沒有一絲想像，不可能有。你和自己約定要講述真相，假如你違背諾言，你寧可斬下右臂。有趣的是，當我寫下那些篇章時心裡想著的文學模型是笑話。笑話是最純粹、最根本的講故事方式，每個詞都得有用。

評：那本書裡最有力量的一定是那個閃電的故事了。事情發生時你十四歲，和一群孩子去樹林裡遠足，突然，你們被一場可怕的雷電風暴困住了，你邊上的男孩被閃電擊中身亡。如果我們要談論你如何看待世界及寫作，那肯定是個十分重要的時刻。

奧：那件事改變了我的人生，這點毋庸置疑。前一刻男孩還活著，下一瞬間他便死了；我僅僅離他幾英寸遠。這是我首次經歷偶然的死亡，首次經歷事物令人迷惑的不穩定性。你以為站在堅實的土地上，轉瞬間，腳下的土地張開，你消失了。

評：談談你和全國公共廣播電台一起做的「全民寫作計畫」。就我所知，他們喜歡你的嗓音，想找個方法讓你上電台。

奧：這一定與我多年來抽的雪茄有關。那種發自喉嚨的低沉聲音，那堵塞的小支氣管，那消失了的肺的力量。那效果我在磁帶上聽過，聽起來像一張砂紙在乾燥的屋瓦上摩擦。

評：是你的妻子哈斯特維特提議，由聽眾們寄來他們自己的故事，你從中挑選並在廣播裡朗讀這些關於他們自身生活的真實故事。

奧：我覺得這是個很聰明的想法。全國公共廣播電台在全國有幾百萬聽眾，如果有足夠的投稿進來，幾乎可以構成一個小型的美國實況博物館。投稿者想寫什麼就寫什麼，不論大事小事，喜劇

還是悲劇。唯一的規則是文章必須短小——不超過兩三頁，而且必須是真實的。

評：但你為什麼會想要接下這樣一份鉅量工作呢？在一年的時間裡，你總共讀了超過四千個故事。

奧：我想我有好幾個動機。最重要的是好奇心。我想弄明白別人是否擁有和我同樣的經驗，究竟是我特立獨行，還是現實真的就這麼奇怪難解，正如我所設想？可供抽樣的選項如此大量，這個計畫的規模就成了個貨真價實的哲學實驗。

評：那麼結果如何？

奧：我很高興地報告，我並不孤單。這世界有夠瘋狂。

評：有些什麼其他動機呢？

奧：我成年生活的大部分時間都獨自一人坐在房間裡，寫書。在那兒我快樂得很，但當我在九〇年代中期參與電影工作時，重拾與別人一起工作的樂趣。這或許可以追溯到小時候參加過許多體育團隊。我喜歡成為一個小團體的一部分，一個有目標的團體，每個人都為共同的目標有所貢獻。贏一場籃球比賽或製作一部電影——其實只有極小的差別。對我而言，那很可能就是參與電影製作最棒的地方：團結感、相互之間講的笑話、結下的友誼。然而到了一九九九年，我的電影事業近乎告終，我又回到了我的洞穴中寫小說，一連好幾個星期誰都不見。希莉提出這個建議，我猜就是這個緣故。並不僅僅因為這是個好主意，還因為她認為我會喜歡做一些有他人參與的工作。她是對的，我很開心。

評：這件事不是會占去很多時間？

奧：並不足以影響我的其他工作。故事漸漸持續地寄來，而只要我看稿跟得上投稿，就不算很糟。準備播音通常會花去一到兩天，但那僅僅一個月一次。

評：你覺得你是在進行公益服務嗎？

奧：在某種程度上，我想是的。這是一個投身游擊戰對抗巨獸的機會。

評：巨獸？

奧：照藝術評論家休斯（Robert Hughes）曾經的說法，叫做「娛樂業綜合體」。媒體向我們呈現的不外乎名人、八卦和醜聞，而我們在電視和電影裡描述自己的方式已變得如此扭曲、如此低劣，以至於現實生活已被忘卻。給予我們的，是暴力的衝擊和弱智逃避者的幻想，而所有這一切的背後驅動力量就是錢。人們被當成白癡般對待。觀眾不再被當人看，他們是消費者，輕易受騙，受到操縱儘想要些他們用不上的東西。所謂的資本主義的勝利。所謂的自由市場經濟。不管怎麼稱呼，其中只有極小的空間可以代表真實的美國生活。

評：你認為「全民寫作計畫」可以改變那一切？

奧：不，當然不。但至少，我試圖稍微改變一下這體制。藉著給予所謂的普通人機會，與聽眾分享他們的故事，我想證明並沒有所謂的普通人這種東西。我們都擁有深刻的內心生活，我們都有驚人的激情在燃燒，我們都經歷過或這或那值得紀念的事情。

評：你的第一部小說《玻璃之城》最具獨創性的特色，是你把自己當成故事裡的一個人物。不僅是你自己，還有你的妻子和兒子。我們已提到過，你寫了不少自傳性的作品，但你的小說是怎麼樣的呢？你是否也利用自傳性材料寫小說？

奧：在某種程度上是這樣，但比你想的要少得多。在《玻璃之城》之後，是《鬼靈》。除了聲稱故事始於一九四七年二月三日──我的生日──之外，裡面沒有其他的私人指涉。但在《禁鎖的房間》裡，有些小事件直接來自我自己的生活。伊凡‧維什涅格拉茨基，這位與范修在巴黎做朋友的俄羅斯作曲家，是個真實的人。我七〇年代前期住巴黎的時候，經常與他見面，那時他已經八十歲了。送給伊凡一台冰箱這件事實際上也發生在我身上──與范修一樣。在油輪上伺候船長吃早餐的鬧劇般的場景也是真的──在每小時七十英里的大風中一點一點移動，費力端牢盤子。這是我生命中真正感到身處基頓（Buster Keaton）電影裡的時刻。然後還有敘事者講述的那個一九七〇年在哈林（Harlem）為美國人口調查局工作的瘋狂故事。那段故事的每一字每一句，如實呈現我的個人經歷。

評：你是在告訴我們，這是真的──你真的創造了虛構人物，把他們的名字填在聯邦政府的檔案裡？

奧：我認罪。我希望現在已經過了追訴期，不然我或許會因為此次訪談而落得進監獄的下場。為了給自己辯護，我得補充說明那是上級鼓勵這種做法──出於同樣的理由，他在小說裡讓步了。「你去敲一扇門，那門不開，並不等於裡面沒人。你可以運用自己的想像力，我的朋友。畢竟，我們可不想讓政府掃興，不是麼？」

評：三部曲之後的小說呢？有什麼你願意與我們分享的其他自傳性祕密？

奧：我在想……《機緣樂章》裡想不出什麼……《末世之城》裡也沒有……《昏頭先生》裡也沒有。但《巨獸》裡有一兩個小元素，《在地圖結束的地方》裡有些好玩的——關於打字狗的故事。在書裡，我把自己投射為威利的前大學室友——安斯特還是歐姆斯特（骨頭先生不太記得這名字），事實上，我的確在十七歲時去了義大利拜訪姨媽，我母親的姊姊。她在那兒住了超過十年，而她的一個朋友碰巧就是湯瑪斯·曼的女兒伊莉莎白·曼·鮑吉斯（Elisabeth Mann Borgese），是位從事動物研究的科學家。有一天，我們受邀去她家午餐，我見到了她的狗歐利，一條很大的英國長毛獵犬，牠學會如何用鼻子在一台特製的打字機上打出自己的名字。對此我親眼目睹，這是我所見過最荒謬、最非同尋常的事。

評：在《巨獸》裡，敘事者和你有相同的首字母縮寫——彼得·阿隆（Peter Aaron），他和一個叫艾瑞斯（Iris）的女人結婚，就是把你妻子的名字反過來拼。

奧：是的，但彼得沒有和希莉（Siri）結婚，他娶了希莉第一本小說《盲目》裡的女主人公。

評：跨小說的戀情。

奧：的確如此。

評：你還沒提到《月宮》。它讀來比你的任何其他小說都更像自傳。佛格與你同年，他去哥倫比亞時的歲數也和你一樣。

奧：是的，我知道這本書聽起來很私人化，但其中幾乎沒有什麼來自我自己的生活。我只能想出兩個顯著的細節。第一個與我父親有關，我將之視為一種死後的報復，一種以他的名義以牙還牙的方式。在小說裡，泰斯拉是個小角色，我用了幾頁來寫一八九〇年代愛迪生和泰斯拉之間所爆發的交流電－直流電爭論。埃奉，把這故事講給佛格聽的那個老人，對愛迪生進行了大量的誹謗。好吧，事實是當我父親一九二九年高中畢業時，他曾受雇於愛迪生作為助理在門羅公園的實驗室裡工作。我父親在電子學方面很有天賦。工作兩週後，愛迪生發現他是個猶太人便把他解雇了。這人不但發明了電椅，而且還是個臭名昭彰的反猶人士；我想為父親報仇，扯平舊帳。

評：另一個細節是什麼？

奧：埃奉在街上向陌生人分發鈔票的那晚。那個場景直接取自一九六九年發生在我身上的事——我與 H.L. 休姆斯的會面。人稱休姆斯博士的他是《巴黎評論》的創辦者之一。這事太瘋狂了，就連我也編不出來。

評：在你的另一部自傳作品《失意錄》裡，你令人難忘地寫了幾頁休姆斯博士。這本書大多是在講你年輕時努力討生活，還有個很有意思的副標題「早年失敗記事」，是什麼促使你想寫這個主題的？

奧：我一直想寫一些有關錢的東西。不是金融或生意，而是錢不夠、貧困的經歷。多年來，我一直想著這個計畫，我的工作標題一直是「論需求」，非常洛克派、非常十八世紀、非常無趣。那

時我打算寫一本嚴肅的哲學作品，但當我坐下來開始寫時，一切都改變了。這本書變成了我自己處理金錢麻煩的故事，而儘管主題相當陰沉，寫作氣氛主要還是喜劇的。

儘管如此，這本書並不只關於我自己。我把它看成一次機會，可以來寫一寫那些我年輕時遇見的形形色色人物，就事論事還他們公道。對於在辦公室裡工作，或維持一份長期而穩定的白領職務，我從來就沒有興趣。我覺得這想法極為討厭。我傾向於更卑下的工作，讓我有機會和與我不同的人共度時光：沒有上大學的人、不讀很多書的人。在這個國家，我們傾向於低估勞動階級的智慧。根據我的自身經驗，我發現這些人多半和有權有勢者一樣聰明，他們只是不那麼有野心——僅此而已。但他們的談話要有趣得多。每到一處，我都要努力才能跟得上。我花了那麼多時間埋首於書堆，而這些工作夥伴幾乎個個都比我厲害。

評：《幻影書》裡的默片演員，海克特・曼，源自何人？

奧：大約十或十二年前的某一天，他出現在我腦子裡，而我帶著他過了很長一段時間，後來才開始寫這本書。但海克特自身從一開始就完全成型了。不僅他的名字，還有他出生於阿根廷，白外套、黑鬍子和俊俏的臉——全都在那兒了。

評：你憑空創造了他，但當我們閱讀你描述他演的喜劇時，很難相信他不是一個真實的默片明星。他看起來像真的進入了世界電影史。你知道是誰或什麼給了你靈感嗎？

奧：我不太肯定。從外形上看，海克特・曼與一部六〇年代初的電影《義大利式離婚》裡的馬斯楚安尼非常相像。鬍鬚和白色

外套或許是從那部電影來的，儘管我不太肯定。海克特也有些特徵與最早期的默片喜劇演員林德（Max Linder）相像。或許他身上還有點瑞蒙‧格力非斯（Raymond Griffith）的味道。格力非斯的大部分電影都散失了，所以他的形象十分晦澀。但他演過一個世上最衣冠楚楚的人，就像海克特一樣，他也有留鬍鬚。但海克特的行動更輕快，舞蹈動作比格力非斯更有藝術性。

評：幾部電影的描述使用了非凡的視覺化語言，你是如何著手寫那些段落的？

奧：這是個權衡利弊的問題。所有的視覺資訊必須就緒──動作的實質細節，這樣讀者便能「看見」發生了什麼，但同時，行文又必須以一種快節奏進行，以便模擬觀看電影的經驗──一秒鐘裡有二十四格畫面從你眼前一晃而過。細節太多，你會因此而停滯。細節不夠，又什麼也看不見。在我覺得弄順之前，不得不再三檢視那幾頁。

評：海克特的電影是小說的重要組成部分，但大衛‧金默才是核心人物，當小說開始時，他的妻子和兩個兒子剛死於一場空難。事實上，我們已經在你早前的作品裡認識了大衛‧金默。在《月宮》裡，他是馬可‧佛格的朋友。我們同樣從那本書裡知道他就是那位收到安娜‧布盧姆來信的人，而這實際上構成了你的早期小說《末世之城》的全部內容。《幻影書》裡沒有提及佛格，但用金默次子的名字馬可暗暗有所指涉。

奧：我已經認識金默很長時間了。但他現在老了，且自從我們上次見面以來，發生了很多事。

評：《幻影書》講述了一個非常複雜的故事，但在它的核心，我會說這是一次對於悲痛的探討。在災難性的失去之後，我們如何繼續生活？我們所愛的人死去後，如何重新振作？從一個迥異的視角看，那也是《在地圖結束的地方》的核心關注點，對嗎？或者，讓我這樣來提問：你是否認為你能夠在十或十五年前寫出其中一本？

奧：我不確定。我如今已年過五十，當你長大時，事物對你而言變化了。時間開始流逝，簡單的算術告訴你，身後的時光比眼前的多——多得多。你的身體開始衰退，會出現從前沒有的疼痛，而漸漸地，開始會有你所愛的人離開人世。到了五十歲，人們大多會被幽靈糾纏。他們住在我們身體裡，我們與死者對話所花的時間，和與活人談話的時間不相上下。年輕人很難理解這點。並不是說一個二十歲的人不知道他將來會死，而是他人的死亡會更深刻地影響年長些的人——而你並不知道那些死亡的累積會對你產生什麼影響，直到你親自體驗到。生命是如此短暫、如此脆弱、如此神祕。畢竟，在一生中我們真正愛的有幾個？只有一些，少數幾位。這些人大多去世後，你內心世界的版圖改變了。一如我的朋友歐本（George Oppen）某次與我談及變老時所言：這小男孩身上，發生了多麼奇怪的事啊。

評：你在《孤獨及其所創造的》一書中引用了那句話。

奧：這是我聽過的對於老年的最佳評論。

評：在《巨獸》中，你的敘事者彼得・阿隆寫道：「沒人能說出書來自哪兒，寫書的那個人最沒資格。書不覺而生，而倘若

它們在被寫就之後繼續活著，那也僅止於它們無法被理解的程度。」這與你自己的想法有多接近？

奧：我很少直接通過我筆下的人物說話。他們有時或許與我相像，或借用我的人生觀，但我傾向於將他們視為獨立自主的人，有他們自己的觀點，還有自己的表達方式。但在這個例子裡，阿隆的觀點與我的吻合。

評：當你著手寫一部小說時，你對正在做的事有多自覺？你會按計畫工作嗎？你事先就想出了情節嗎？

奧：我寫的每本書都始於我稱為「腦中的嗡嗡聲」的東西。一種特定的音樂或節奏，一種音調。對我而言，寫小說的大部分力氣都花在試圖保持忠實呈現那種嗡嗡聲、那種節奏。這是種高度直覺的工作。你無法論證或理性地為之辯護，但做錯的時候你會知道，而做對的時候總是相當肯定。

評：你寫作時會跳著寫嗎？

奧：不。每本書都始於第一句，隨後我繼續推進，直到抵達最後一句。總是按順序，一次一段。我對那故事的路徑有個感覺，經常會在開始前已經有了最後一句和第一句，但隨著寫作工作進行，一切會不斷改變。我出版的書裡沒有一本和我最初設想的一樣。人物或情節消失，在過程中發展出其他人物和情節。你在寫作的過程中找到了這本書。那正是這檔事激動人心之處。如果一切都預先詳細制定好了，就沒那麼有趣。

評：然而你的書看起來總是那樣結構鬆散，為此你備受推崇。

奧：《幻影書》一路上經歷了好幾個劇烈轉折，寫到最後幾頁時，我還在重新思考這故事。構想中，《在地圖結束的地方》原本是一部長得多的書。威利和朋廝先生本來在其中只有微乎其微、稍縱即逝的戲份，但一旦開始寫第一章，我愛上了他們並決定拋棄我的計畫。這變成了一本有關他們倆的抒情小書，幾乎沒有什麼情節。至於《昏頭先生》，那時我想寫一個三、四十頁的短篇小說，但它活了起來，好像獲得了自身的生命。對我來說，寫作總是如此：緩慢地朝向意識蹣跚而行。

評：我們可以回到「一次一段」這句話嗎？
奧：段落好像是我創作的自然單元。詩的單元是行，段落在散文體寫作中起同樣的作用——至少對我而言。我會持續處理同一個段落，直到我覺得夠滿意了才行。我寫了又寫，直至它有了正確的形式、正確的平衡和正確的音樂性——直到它彷彿透明，渾若天成，不再是「寫成的」。那段落可能會花一天完成，或半天，或一小時，或三天。一旦看似完成了那個段落，我就把它打出來再看一看。於是每本書都有一個工作手稿，除此之外還有個打字稿。當然，此後我會再著手處理打好的那張，做更多修改。

評：而漸漸地，紙頁越堆越高。
奧：對，非常緩慢。

評：作品完成前，你會把它給別人看嗎？
奧：希莉。她是我的第一個讀者，我絕對信任她的判斷。每次寫小說，我差不多每個月都會從中讀一些給她聽——每當我有新的

一疊二、三十頁的時候。對我而言，朗讀幫助我把書當成外在對象，以便聽出我哪兒出錯，或沒能表達我試圖要說的。隨後希莉提出評論。她做這個已經做了二十二年，她的意見總是極其敏銳，我想不出有哪次沒聽她的建議。

評：你讀她的作品嗎？
奧：是的。她怎麼對我，我就怎麼幫她。作家都需要有個信得過的讀者——這人對你的工作感同身受，而且希望作品能夠盡善盡美。但是你必須誠實，那是最基本的要求。不說謊，不會假裝鼓勵，不會讚揚那些你覺得不值得表揚的東西。

評：一九九二年，你把《巨獸》獻給了德里羅（Don Delillo）。十一年之後，他把《大都市》獻給了你。你們顯然有一段長久的友誼，並尊敬彼此的作品。如今你還看哪些當代作家？
奧：相當多——很可能我都數不過來。凱瑞（Peter Carey）、班克斯（Russell Banks）、羅斯（Philip Roth）、多克托羅（E.L. Doctorow）、巴克斯特（Charles Baxter）、柯慈（J. M. Coetzee）、格羅斯曼（David Grossman）、帕慕克、魯西迪、翁達傑（Michael Ondaatje）、哈斯特維特……這些名字是我此刻想到的，但如果你明天問我同樣的問題，我肯定給你一張不同的名單。與很多人的料想相反，小說在目前狀況良好，像一直以來的那樣健康而有活力。這是一種用之不竭的形式，不管悲觀者怎麼說，它永遠都不會滅亡。

評：你為何這樣肯定？

奧：因為這世上唯有小說能提供場地，讓兩位陌生人以極度親密的方式相遇，讀者和作者一起完成了這本書。沒有其他藝術能夠辦得到，沒有其他藝術能夠掌握人類生命的基礎本質。

評：你的最新小說《神諭之夜》將於年底出版，距離出版《幻影書》僅有十五個月。你一直很多產，但這似乎會是個新紀錄。

奧：實際上，在《幻影書》之前我就開始寫《神諭之夜》了。我寫了開頭大約二十頁，但接著停了下來。《幻影書》大約花了我三年時間來寫，而在那整段時間裡，我一直想著《神諭之夜》。當我總算回頭寫它，便以極快的速度完成了。感覺就好像在恍惚之間寫作。

評：整個過程一帆風順嗎？還是你在過程中遇到了困難？

奧：直到結尾的最後二十來頁之前都很順利。當我開始寫這本書時，我有個不同的結尾，但當我按照原先計畫將它寫出來之後，並不滿意。太殘酷、太聳人聽聞，削弱了全書的風格。那之後我停滯了幾週，我一度以為會沒辦法寫完，就像小說裡西德尼的故事一樣。這就好像我落入了我自身作品的魔咒，與我的主人公經歷了同樣的掙扎。幸好，最終我想出辦法，得以寫出最後二十頁。

評：前面你用了這個詞——「親密」，這是提起這本書時第一個從讀者腦子裡跳出來的詞。這是本很親密的小說，很可能是你到目前最扣人心弦的作品。

奧：我將之視為某種室內作品。人物很少，所有的情節只發生在兩週之內。它非常緊湊、緊密地自我纏繞——由相互聯結的部分

組成的小小奇特有機體。

評：有一些元素你以前從沒用過，比如說註腳。

奧：當然，不算什麼原創的想法，但對於這個特定的故事而言，我覺得很有必要。文本的主體將自身限制在現時，限制在那兩週內發生的事件裡，而我不想打斷這敘事流。註腳是用來講過去發生的事。

評：在幾本早年的書裡你使用了圖畫：《玻璃之城》裡的地圖和《昏頭先生》裡的圖表。但在《神諭之夜》裡有兩張照片——一九三七至一九三八年的華沙電話簿。它們尤其令人難以忘懷，且很有效。你怎麼會有那本電話簿的，是什麼令你決定採用那些照片的？

奧：一九九八年我第一次去華沙，我的波蘭出版商將之作為禮物送給我。在那本書裡有位奧斯特，毫無疑問，過沒幾年這個人就被納粹謀殺了。《神諭之夜》的敘事者西德尼，以同樣的方式找到了某人的名字，很可能是他親戚。我需要照片來證明這本書真實存在——不是我編造出來的。整本小說充滿著對二十世紀歷史的指涉：第二次世界大戰和大屠殺、第一次世界大戰、中國的文化大革命、甘迺迪遇刺。畢竟，這是本有關時間的書，雖然所指涉的那些事件稍縱即逝，但它們是故事不可或缺的部分。

評：《神諭之夜》是你的第十一本小說，經過這些年後，寫小說對你而言是否變得容易些了？

奧：不，我不這樣認為。每本書都是一本新的書。我以前從未寫

過，我必須一邊寫，一邊教自己應該怎麼寫；過去寫過幾本書，此時根本發揮不了作用。我一直感覺像個初學者，我不斷碰見同樣的困難、同樣的障礙、同樣的絕望。當個作家你犯了那麼多錯，刪掉那麼多糟糕的句子和想法，丟棄了那麼多無用的紙頁，以至於最終你會知道你有多笨。這是個卑下的職業。

評：很難想像你的第一部小說《玻璃之城》曾被十七家美國出版商拒絕。如今，二十年後，你的書已經被翻譯成超過三十種語言。你是否曾停下來思考你這奇怪的職業，包括所有那些辛勤的工作和耐心，還有最終的成功？

奧：我試著不去想。對我而言，很難反過來自我檢視。我就是不具備這種心理機制，至少就我的作品而言。對於我所做的，要由他人來評斷，我不想擅自回答那個問題。但願我有這種能力，不過至今我還是沒能掌握如何同時抱持兩個立場。（btr／譯）

（原載《巴黎評論》第一六七期，二〇〇三年秋號）

村上春樹
Haruki Murakami

The first manuscript page of Wild Sheep Chase. *1982.*

村上春樹《尋羊冒險記》手稿第一頁（1982）。

在作品已被翻譯為英文的日本小說家當中，村上春樹不僅算得上是最富實驗色彩的，而且也是最受歡迎的，他的作品在全球擁有百萬銷量，其中最出色的小說往往游離於現實主義文學、寓言、偵探小說以及科幻小說的邊緣：《世界末日與冷酷異境》的主人公擁有兩套意念；而《發條鳥年代記》（大概是村上在日本以外的讀者中最著名的作品）雖以一位男子尋找失蹤妻子的平淡故事開頭，卻悄無聲息地變異為繼斯特恩的《項狄傳》（Tristram Shandy）之後最為怪異的混合體敘事。村上的世界是一個諷喻世界，由為人熟知的符號構成——一口枯井、一座地下城市，然而這些符號的意義自始至終神祕莫測。儘管他的作品深受流行文化（特別是美國的流行文化）影響，但也許可以說，村上的小說比其他任何作家的作品都帶有更強烈的個人色彩。

村上一九四九年出生在日本古都京都府一個有著民族文化傳承的中產階級家庭：父親是教日本文學的老師，祖父是一位佛教僧人。村上兩歲時隨全家搬到了神戶市，正是這座車水馬龍、外國人（尤其是美國海員）往來不斷的海港城市最為清晰地塑造了他的鑑賞品味。村上很早便開始排斥日本本土的文學、藝術及音樂；在爵士樂唱片、好萊塢電影和廉價平裝書的影響下，他開始對日本以外的世界感到越來越強烈的共鳴。

六〇年代後期，作為一名東京的學生，村上對已達到高潮的學生抗議運動持同情態度，但一直冷眼靜觀。在此期間，他對後現代小說發生了興趣。他在二十三歲那年結婚，此後花了幾年時間在東京經營一間名叫「彼得貓」的爵士酒吧，一直持續到後來，隨著第一部小說出版，他完全能夠靠寫作賺錢為止。他的小說處女作《聽風的歌》摘取了令人垂涎的「群像新人文學獎」，

並使村上開始擁有自己的讀者（雖然此書已被譯成英文，但按照作者的要求，並沒有在日本以外發行）。此後村上的聲譽隨著每本新書的出版不斷擴大，直至一九八七年，他的第一部現實主義小說《挪威的森林》使他成為一顆文學巨星，他被譽為「真實地反映了那一代人的心聲」、「日本八〇年代的沙林傑」。此書僅在日本就有超過二百萬冊的銷量，相當於東京的每個家庭都擁有一本。

從那時起，村上在日本成為家喻戶曉的名人，雖然他本人對這種名望並無興趣。為了遠離這種公眾形象，他一度到國外生活好幾年，在歐洲和美國都曾住過。他的小說，如《發條鳥年代記》，就是在普林斯頓大學和塔夫斯大學教學期間創作的。雖然村上再沒有重返《挪威的森林》那種直白的抒情文體，他的小說仍然不斷吸引著更為廣泛的讀者——他的新作《海邊的卡夫卡》在日本已經售出三十萬冊，其英譯本也將在今年出版。放眼國際，村上是他同時代作家中讀者最多的日本小說家，他幾乎已經拿過日本所有的文學獎，其中包括最高獎項「讀賣文學賞」。村上同時也是一位極其活躍的譯者，曾為日本讀者翻譯過很多不同類型的作家，如卡佛、歐布萊恩（Tim O'Brien）、費茲傑羅等人的作品，其中很多是首次被譯成日文。

村上的辦公室毗鄰時尚小店遍佈的東京都青山，相當於紐約蘇荷區。這座樓房低矮敦實，保留著舊日的痕跡，彷彿對周遭的景物變遷頗以為然。他在這棟樓的第六層租了間大小適中的套房，每個房間的陳設都基本相同：純木櫃子、轉椅、鋪著軟玻璃的辦公桌——簡言之，辦公傢俱。這種裝潢風格一方面與作家工作室的概念很不協調，但同時又似乎很相稱：這位作家筆下的人

物常常就是在這種平淡無奇的環境中，發覺有一個夢幻世界正在向他們招手示意。事實上，雖然村上有時候會在這裡寫作，但這個辦公室主要用於處理商務方面的事宜。這裡充滿彬彬有禮的工作氣氛，我見到過至少兩名村上的助手，他們衣著得體、行事幹練。

連續兩個下午的訪談中，不時可以聽到村上的笑聲，這雖然和安靜的辦公氣氛不太和諧，卻令人感到愉悅。顯而易見，村上是個大忙人，同時正如他自己承認的那樣，不善侃侃而談。然而一旦談話轉入正題，他就會聚精會神，率直作答。他的英語很流暢，但他喜歡在句子中間長時間的停頓，好讓自己有時間仔細斟酌詞句，以求做出最準確的回答。當話題轉入村上的兩大愛好——爵士樂和馬拉松長跑時，很容易讓人誤以為他比實際年齡年輕二十歲，這時他看上去甚至像一個十五歲的男孩。

——約翰・雷（John Wray），二〇〇四年

《巴黎評論》（以下簡稱「評」）：我剛剛讀完你的最新短篇小說集《神的孩子都在跳舞》，很有意思的是這本書裡既有像《挪威的森林》那樣寫實的故事，也有更接近於《發條鳥年代記》和《世界末日與冷酷異境》的作品，你把這些風格不同的短篇小說很自由地混合在一起。這兩種不同的形式在你看來有什麼根本區別嗎？

村上春樹（以下簡稱「村」）：我的風格——我所認為的自己的風格——非常接近於《冷酷異境》。我本人不喜歡現實主義風格，我喜歡更加超現實的。至於《挪威的森林》，我當時拿定主意寫一本不折不扣的現實主義小說，我需要那種寫作經驗。

評：當時你是想把那本書當做一種風格上的練習，還是因為它的故事用現實主義手法來講述最為合適？

村：如果我堅持寫超現實的小說，或許能夠成為一位邪典作家（cult writer）。可我想打入主流，所以我需要證明自己有能力寫現實主義小說，這就是寫那本書的原因。那書在日本成了暢銷書，這種結果在我的意料之中。

評：所以說那是一個策略上的選擇。

村：是的。《挪威的森林》很容易讀，也很容易理解。很多人都喜歡那本書，然後這些人又會對我其他的作品產生興趣，所以它很有幫助。

評：這麼說來，日本讀者很像美國讀者，喜歡簡單易懂的故事？

村：我的新書《海邊的卡夫卡》賣了三十萬套——這本書一套兩

冊，我很奇怪會賣掉這麼多，這很不尋常。這部小說的故事很複雜、很難理解，但我的文字風格很容易讀，書裡有一些幽默成分，故事有戲劇性，能讓讀者拿起來就放不下。在故事情節和敘事語言這兩個要素之間也許存在著一種神祕的平衡，這可能就是我獲得成功的另一個原因。不管怎麼說，這個結果讓人難以置信。我每隔三、四年寫一部小說，讀者總是在等我的新書上架。我採訪過厄文（John Irving），他說讀一本好書就像注射毒品一樣，一旦成癮，就會不斷地等待下一次。

評：你想讓讀者都上了你的癮。
村：這是厄文說的。

評：這兩個要素——直截了當、簡單易讀的敘事語言，配合一個撲朔迷離的故事情節，是不是刻意的選擇？
村：不是。當我開始寫一篇作品的時候，腦子裡並沒有一張藍圖，我是邊寫邊等待故事出現。我並沒有事先想好故事的類型和故事情節，我等著故事發生。《挪威的森林》是另一種情況，因為當時我想寫一部現實主義小說。但我基本上無從選擇。

評：可是你選擇了講故事的語調——那種不帶感情色彩、很容易讀懂的敘事語言，是吧？
村：頭腦中出現一些畫面，把這些畫面聯結在一起就成了故事情節，然後我再把故事情節講給讀者聽。當你講述故事情節的時候應該持一種寬厚的態度，如果你想的是「這沒什麼，反正我知道是怎麼回事」，那就太傲慢了。簡單的語言、恰當的象徵和比喻

——我做的就是這些。我敘事時認真仔細，力求清晰。

評：這種技能是與生俱來的嗎？

村：我並不聰慧，也不傲慢，我和讀我書的人並沒有什麼區別。我以前開過一間爵士樂酒吧，我調製雞尾酒、做三明治，沒想過要成為一名作家——事情自然而然地發生了。你知道，那是一種恩賜，來自上天。所以我覺得我應該保持謙卑。

評：你是在什麼年齡成為一名作家的？這在當時是否出乎你的意料？

村：那是我二十九歲時候的事。對，這件事在當時有些出乎我的意料，不過我立刻就習慣了。

評：立刻？從寫作的第一天起你就感覺得心應手？

村：我剛開始寫小說，是用午夜過後的時間在廚房的桌子上寫的。我寫第一本書花了十個月的時間。我把它寄給一家出版商，後來還得了個獎，這很出乎我的意料，感覺像在作夢。不過一段時間過後，我想：沒錯，事情已經發生，我現在是個作家了，這有什麼不好呢？整個過程就這麼簡單。

評：那時候你太太對你決定開始寫作這件事作何感想？

村：她當時什麼也沒說。我對她說我是個作家了，她聽了以後有些詫異，而且覺得有些難為情。

評：為什麼她會覺得難為情？她覺得你不能成功嗎？

村：當作家是一件有些招搖的事。

評：當時誰是你的寫作典範？你受到過哪些日本作家的影響？

村：我從小時候一直到少年時期，並沒有讀過太多日本作家的作品。我想脫離這種文化，我覺得這種文化很無趣、很差勁。

評：你的父親不是一位教日本文學的教師嗎？

村：是的。所以說這也是一種「父與子」的關係。我只是走向了西方文化這一邊：爵士樂、杜斯妥也夫斯基、卡夫卡，還有錢德勒（Raymond Chandler）。這是一個屬於我自己的世界、我的幻想樂園，如果我願意，我可以去聖彼德堡或者西好萊塢，這是小說的魔力——你可以到處遊歷。現在去美國是一件很容易的事了，不管是誰，想去哪就可以去，可是在六〇年代，這幾乎是不可能的，所以我就靠閱讀和聽音樂的方式旅行，那是一種如夢若幻的心理狀態。

評：而這在後來促使你開始寫作了。

村：是的。我二十九歲的時候開始寫小說，這來得很突然。我想寫點兒東西，可是我不知道怎麼寫，我不知道如何用日語去寫——那時候我幾乎沒有讀過任何日本作家的作品，於是我從自己讀過的書裡借鑒風格、結構和所有的一切，這些書都是美國或西方的作品，結果我形成了自己獨特的風格，我的寫作就這麼開始了。

評：你的第一本書出版以後獲了獎，基本上算是已經正式上路了，那時候你有沒有開始去結交其他作家？

村：沒有，完全沒有。

評：那時候你一個作家朋友也沒有？

村：是的。

評：後來你有沒有和別的作家成為朋友或同事？

村：沒有，一個也沒有。

評：至今你也沒有任何作家朋友？

村：是的，沒有。

評：你會把正在寫的作品拿給別人看嗎？

村：從來不給別人看。

評：你的太太呢？

村：嗯，我把我第一部小說的初稿給她看過，可她說她根本就沒看！所以我猜她沒有任何印象。

評：她對那本書沒什麼感覺？

村：是的。不過那是第一稿，寫得很糟糕，我後來又改了不少次。

評：現在你寫小說的時候，她會好奇你在寫什麼嗎？

村：她是我每本新書的第一讀者。可以說她是我的合作夥伴，我得依賴她。這就像費茲傑羅——對他來說，妻子姍爾達是他的第一讀者。

評：在你的寫作生涯中，從來沒有感覺自己屬於任何一個作家團體嗎？

村：我是一個獨行者，我不喜歡團體、流派和文學圈子。普林斯頓大學有間類似簡餐店的地方，我應邀去那裡用餐，在場的有奧茨（Joyce Carol Oates），還有莫里森（Toni Morrison），我覺得非常恐懼，以至於吃不下飯！莫里斯（Mary Morris）也在場，

她非常和善，差不多和我同齡，可以說，我們成了朋友。可是在日本，我沒有任何作家朋友，因為我想……保持距離。

評：你的小說《發條鳥年代記》有很大一部分寫於美國，在美國生活對於你的創作過程或者作品本身有什麼明顯的影響嗎？

村：寫《發條鳥年代記》的那四年當中，我都住在美國當個異鄉客。這種「疏離感」一直像影子陪伴著我，而這部小說的主人公也是如此。現在想起來，如果這本書是在日本寫的，那麼它可能會變成一本相當不同的小說。

我在美國生活的「疏離感」和在日本體會到的「疏離感」是不同的。在美國這種感覺更加明顯和直接，它讓我更清楚地認識了自己。在某種程度上，寫這本書就像一個把自己扒光的過程。

評：當代日本作家的作品中有沒有你讀過而且喜歡的？

村：有一些。比如村上龍，還有吉本芭娜娜的部分作品。不過我不寫書評和文學評論，那些事我不想參與。

評：為什麼呢？

村：我覺得我的工作是觀察人、觀察世界，而不是去對它們進行評價。我一直試圖讓自己遠離所謂結論性的東西，我寧願讓世間萬物都處於無盡的可能當中。

比起評論，我更喜歡翻譯，因為翻譯的時候你幾乎不需要作任何的評判。我翻譯一本自己喜歡的作品，就好像讓那些美妙詞句一行一行地穿過我的身心。毫無疑問，世界上需要有評論家，不過那不是我的差事。

評：讓我把話題拉回你自己的作品上來。你的小說很明顯地受到硬派美國偵探小說的影響，你是什麼時候開始接觸這一類型小說的？哪些作家讓你覺得最來勁？

村：我高中的時候迷上了犯罪小說。我那時候住在神戶，神戶是一個海港城市，有很多過往的外國人和海員把自己的平裝書賣給當地的二手書店。我那時候很窮，但還買得起這些廉價的二手書。我藉著這些書學習英語，讀得非常帶勁兒。

評：你讀的第一部英文小說是哪一本？

村：是麥唐諾（Ross MacDonald）的《名叫阿徹》。我從那些書裡學到很多，讀起來經常欲罷不能。同一時期我還愛讀托爾斯泰和杜斯妥也夫斯基，他們的書同樣引人入勝，那些書雖然很厚，可是我讀起來就不想停。所以在我看來，杜斯妥也夫斯基和錢德勒是同一回事。即使現在我還是這麼認為，我寫小說的理想就是把杜斯妥也夫斯基和錢德勒放在同一本書裡——這是我的目標。

評：你第一次讀卡夫卡是在什麼年紀？

村：十五歲。我讀了《城堡》，那是一部偉大的作品，還讀了《審判》。

評：這很有意思。這兩本書都是沒有寫完的作品，也就是說它們都沒有結局。你的小說也有類似的感覺，特別是你近期的作品，比如《發條鳥年代記》，經常讓人感覺你拒絕提供那種讀者所期待的結局。這有沒有可能是受卡夫卡的影響？

村：不完全是。你當然讀過錢德勒的小說，他的小說並沒有真正的結局。他可能會說，這個人是兇手，可是對我來說，到底是誰幹的並不重要。有一件很有趣的軼事，霍克斯（Howard Hawks）想把錢德勒的《夜長夢多》（The Big Sleep）拍成電影，但他搞不清楚到底是誰殺了那個司機，於是他打電話去問錢德勒，錢德勒的回答是：我不在乎是誰殺的！我也是同樣的態度：「結局」沒有任何意義，我不在乎《卡拉馬助夫兄弟們》裡的兇手到底是誰。

評：可是，《夜長夢多》之所以引人入勝，其中一個原因就是讀者想發現殺死司機的兇手是誰。

村：我自己寫小說的時候，事先並不清楚誰幹了什麼，我和讀者處境相同。當我開始寫一個故事，我根本不知道故事的結局，也不知道接下來會發生什麼。即便故事一上來就有一樁命案，我也並不知道兇手是誰，我寫這本書是因為我想去發現誰是兇手，如果我事先知道是誰幹的，就用不著寫這個故事了。

評：你是不是也有意識地在迴避對你自己作品進行解釋？就像夢境一旦被分析就會變得蒼白無力？

村：寫書的好處是你可以在醒時作夢。真實的夢你無法控制，而當你寫作的時候，你是醒著的，你可以選擇故事的時間、長度、所有的一切。我每天早晨花四、五個小時寫作，時間到了就停止，第二天仍可繼續。如果是一個真實的夢，你就不可能像這樣控制它。

評：你說你寫小說時事先並不知道兇手是誰，可我想到了一個可能例外的情況——《舞！舞！舞！》中的五反田這個角色。小說在塑造這個人物時使用了經典犯罪小說的技巧，故事的發展經過了有意的設計和營造，好讓讀者絲毫不去懷疑這個人物，直到最後他自己坦白為止。難道這樣你還能說事先並不知道五反田有罪？

村：寫第一稿的時候，我事先並不知道兇手是五反田，寫到接近結尾的時候（大約全書三分之二的地方），我開始明白兇手是他。於是當我寫第二稿的時候，在知道誰是兇手的情況下，我重寫了那些有五反田出現的場景。

評：這是不是就是修改小說的一個主要目的——根據初稿的結尾來修改前面的部分，好讓讀者產生一種故事非如此發生不可的感覺？

村：沒錯。初稿總是很亂，我必須一遍一遍地改寫。

評：你一般來說改幾遍？

村：一共寫四到五遍。我一般花六個月寫完第一稿，然後再花七、八個月修改。

評：寫得很快啊。

村：我是一個勤奮的工作者。我對我的作品非常投入，所以寫起來就容易。而且當我寫小說的時候，我不做別的，只寫小說。

評：你的一個典型工作日是如何安排的？

村：當我進入長篇小說的寫作階段，會在早晨四點鐘起床，工作五至六個小時。下午的時候，我會跑步十公里或者游泳一點五公

里（或者兩樣都做），然後讀一會兒書，聽聽音樂。晚上九點鐘就寢。我每天重複這種作息，從不改變。這種重複本身變得很重要，就像一種催眠術，我沉醉於自我，進入意識的更深處。不過，要把這種重複性的生活堅持很長時間——半年到一年，那就需要很強的意志力和體力了。從這個意義上講，寫大部頭小說就像求生訓練一樣，體力和藝術品味的能力同樣重要。

評：我想請你談一談你筆下的人物。寫作的時候，這些虛構人物在你眼裡有多真實？對你來說，他們是否應該擁有各自獨立於小說敘事之外的生命？

村：我塑造小說角色時，喜歡觀察生活中的真實人物。我這個人話不多，但我喜歡聽別人的故事。對於筆下的人物，我並不事先想好此人到底是個什麼樣的人，我只是儘量設身處地去體會他們的感受，思考他們將何去何從。我從這個人身上收集一些特徵，再從那個人身上獲得一些特點。我不知道這是「現實主義」（realistic）還是「不切實際」（unrealistic），不過對我來說，我筆下的角色要比真實生活中的人更加真實。在我寫作的六、七個月當中，那些人物就活在我的身體裡，那裡自有一片天地。

評：你小說的主人公，經常讓人覺得是你本人的視角在你所描述的奇幻世界中的投影—— 一個身處夢境中的作夢者。

村：你可以這麼想：我有一個學生兄弟，兩歲時，我們之中有一個——另外那個——被人綁架了，被帶到很遠的地方，從此我們兩個再也沒見過面。我想我小說的主人公就是那個失蹤的人，他是我的一部分，但並不是我本人，我們已經很久沒有見面，他是

我的另外一種形式。我們的 DNA 相同，但生活環境不同，所以我們的思維方式會有差別。我每寫一本書都會讓自己置身於不同的角色中去親身感受，因為有時候我會對自己的生活感到厭倦，我可以通過這種方式逃逸，這是一種想入非非的白日夢。如果不能作這種白日夢，寫小說還有什麼用？

評：我有另外一個關於《冷酷異境》的問題：這部小說具有一種對稱性、一種比較正式的感覺，還有就是結尾的終結感——這一點和你後來的小說，如《發條鳥年代記》，有所不同。是不是在某一階段你對小說結構的作用及重要性的認識發生了改變？

村：是的。我最早寫的兩本書並沒有在日本以外出版，我不想出版那兩本書，我覺得它們是不成熟的作品，那是兩本小書，寫得很單薄——不知道「單薄」是不是一個合適的字眼？

評：它們的缺點在什麼地方？

村：我寫最初那兩本書的時候，想要解構傳統的日本小說。所謂「解構」，是指我想除去傳統日本小說中內在的東西，只留框架，然後我再用一些新鮮、原創的東西來填充這個框架。直到一九八二年我寫完第三本——《尋羊冒險記》，我才成功地找到了實現這一構想的方法。前兩本書在我摸索的過程中對我有所幫助，僅此而已。我認為我的小說是從《尋羊冒險記》開始才真正體現了我自己的風格。

從那以後，我的小說越寫越長，結構也越來越複雜。每次我寫一本新書，都想打破以往的結構，開創一種新的東西。我在每本新書裡都嘗試新的主題，或給自己設置一種新的限制，或者提供新

的視野。我對小說的結構總是有著清醒的意識，如果我在結構上做了改動，那麼我就不得不同時改變人物和文字風格。如果我每次都寫同樣的東西，那我肯定會感到疲憊和乏味。

評：雖然你經常改變小說中的一些成分，但還有一些東西是保持不變的：你的小說總是採用第一人稱的敘事方式；在你的小說裡，總有一個男人周旋於數名女子間，各有其不同層次的情欲關係；一般來說，這個男人和這些女人相處時總居於被動的地位，而從這些女人身上可以反映出這個男人的恐懼和奇想。

村：在我的長篇小說和短篇小說裡，在某種意義上，女人是一種媒介，其功能是通過她們來使一些事情得以發生，那些事是主人公必須去經歷的。主人公總是被這媒介帶到某處，而他所目睹的一切都是由她展示給他的。

評：你指的媒介算是那種維多利亞式的所謂「靈媒」嗎？

村：我認為性是一種……靈魂上的承諾。美好的性可以治癒你的傷口，可以啟動你的想像力，是一條通往更高層次、更美好之處的通道。在這個意義上，我的故事當中的女人是一種媒介── 一個新世界的使者。因此她們總是主動出現在主人公身邊，而不是由主人公去接近她們。

評：你小說中的女人似乎可以分為兩種：第一種女人和主人公的關係本質上是認真的，往往就是這個女人在小說裡失蹤了，而她在主人公的記憶裡卻揮之不去；另一種女人則較晚出現，她協助主人公去尋找，或者恰恰相反，幫助主人公去忘卻。這第二種女

人往往爽直坦率、性情古怪、在性方面毫不遮遮掩掩，比起那個失蹤的女人，主人公和她的關係來得更加溫暖、更具幽默感，而主人公和前者幾乎沒有什麼溝通。這兩種典型人物各起什麼作用？

村：我的主人公幾乎總是被夾在真實世界和精神世界之間。在那個精神世界裡，女人──或者男人──表現得平和、聰穎、謙遜、明智；而在現實世界中，就像你說的那樣，女人則非常活躍、富有喜劇色彩、態度積極、具有幽默感。主人公的意識被分裂為這兩個完全不同的世界，而他無法從中做出選擇。我想這就是我的作品的一個重要主題。這在《冷酷異境》裡非常明顯──主人公的意識在生理上就是分裂的。《挪威的森林》也是這樣：自始至終都有兩個女孩的存在，主人公無法在她們中間做出選擇。

評：我總是更同情有幽默感的女孩。我想讀者更容易接受充滿幽默的戀情，要想讓他們被嚴肅的愛情描寫所打動則是一件難事。在《挪威的森林》裡我從頭到尾一直喜歡阿綠這個角色。

村：我想大多數讀者應該和你的感受相同，他們也都會選擇阿綠，當然小說的主人公最後也選擇了阿綠。然而，他有一部分自我一直處於另外一個世界，他無法拋棄那個世界，那是他的一部分、一個重要的部分。世上所有人的頭腦中都有病態的部分，這塊地方是人的組成部分之一。我們有理智的一半，也有瘋狂的一半，我們在這兩部分之間進行協調──我堅信這一點。當我寫作的時候我可以特別清晰地感覺到我意識中那個瘋狂的部分──「瘋狂」並不是最恰當的字眼，應該說「不平常的」、「不真實的」。當然，我最終必須回到真實的世界中來，重新恢復健全的

神志。可是如果我沒有瘋狂、病態的那部分，我就不會是今天的我。換句話說，我的小說的主人公是有兩個女人作為後盾的，對他來說，這兩者缺一不可。《挪威的森林》是個典型的例子。

評：如此說來，《挪威的森林》中玲子這個角色就很有意思了。我不知道該如何給她歸類，她好像同時屬於兩個世界。

村：她的頭腦一半理智，一半瘋狂，就像希臘戲劇中的面具：從某一側看去，她是個悲劇角色；從另一側看，她卻是個喜劇角色。從這個意義上講，她帶有很強的象徵性。我很喜歡玲子這個角色，當我寫到她的時候我很開心。

評：比起直子這樣的角色，你是不是對那些帶有喜劇色彩的人物，比如阿綠和笠原 May，更有感情？

村：我喜歡寫詼諧的對話，我覺得那是一種樂趣，可是如果書中所有人物都是喜劇角色，那也會很乏味。喜劇角色對我來說是一種心靈穩定劑。幽默感是心緒平靜的表現，你需要冷靜才能幽默。而當你嚴肅的時候，你可能會處於心緒不穩的狀態——嚴肅有這個問題。可是幽默的時候，你的心是平靜的。雖然這麼說，但你沒法笑著去打仗。

評：我個人認為，很少有作家會像你一樣如此著魔似的反覆書寫所迷戀的主題。《冷酷異境》、《舞！舞！舞！》、《發條鳥年代記》、《人造衛星情人》，這些小說幾乎可以作為同一主題的不同變異來進行閱讀，這個主題就是：一個男子失去了他所追求的目標，或者被其拋棄，對她的念念不忘使主人公來到一個與真

實世界平行的異境，似乎讓他有可能失而復得，這在他（和讀者）所熟悉的那個世界裡是不可能辦到的。你同意這種概括嗎？

村：同意。

評：這個讓你著迷的主題對於你的小說來說有多重要？

村：我不清楚自己為什麼反覆寫這些東西。讀厄文的作品時，我發現在他的每一本書裡都會有人身體缺了某個部位，我不明白他為什麼反覆描寫這種身體的殘缺，可能他自己也不明白。對我來說也是同一回事。我的主人公總是失去了什麼，於是他去尋找這個失去的東西。這就像尋找聖杯的傳奇，也像馬羅（Philip Marlowe）[1]。

評：如果沒有少什麼東西，偵探就不會出現。

村：是的。主人公失去了某樣東西，不得不去尋找它，就像奧德賽一樣，在尋找的過程他經歷了無數怪異的事情……

評：發生在他設法回家的途中。

村：在這些經歷中他必須戰勝逆境，最終他找到了那樣東西，但是他不能肯定那就是他原來在尋找的同一樣東西。我想這就是我小說的主題。這些想法從何而來我並不知道，但這種主題很適合我。推動這些故事的動力就是：失去、尋找、發現，還有失望，以及對世界的一種新的認識。

評：失望，作為成長過程中的一件必經之事？

村：是的。經歷本身就是意義所在。主人公通過這段經歷有所改

變——這是最重要的。他找到了什麼並不重要，重要的是他發生了什麼樣的改變。

評：我想請你談談你個人作品的翻譯過程。你本人也是一位譯者，所以一定瞭解翻譯的風險。你是如何選擇譯者的？

村：我有三位譯者——阿弗雷德‧畢恩鮑姆（Alfred Birnbaum）、菲力浦‧加布里耶爾（Philip Gabriel）、傑伊‧魯賓（Jay Rubin）。我們之間的規則是「先來者先譯」。我們都是好朋友，彼此坦誠以待。他們讀了我的書，其中某位覺得「這本書很棒！我想翻譯。」於是那本書的翻譯工作就交給他了。我自己也翻譯，所以我明白對作品的熱情是出色譯本的一個重要條件。假如某人是個好譯者，可他根本不怎麼喜歡要翻譯的書，那就不會有什麼好結果。翻譯是一件艱苦的工作，很花時間。

評：這幾個譯者之間有沒有發生過爭執？

村：沒有。他們都有自己的偏愛，而且他們的性格各不相同。就拿《海邊的卡夫卡》來說，這部小說菲爾很喜歡，於是他就翻譯了那本書。傑伊對那本書就沒有那麼大的興趣。菲爾是一個謙虛、溫和的人；而傑伊是位非常精細、一絲不苟的譯者，是個性很強的人。阿弗雷德則是一名浪子，我不知道他現在身在何處。他娶了緬甸女子為妻，一位政治活動的積極份子，有時候他們夫婦倆會被政府逮捕；阿弗雷德就是這種人。作為一名譯者，他行文自由自在，有時候他會改動我的文字，這是他的風格。

評：你是如何和你的譯者合作的？具體是怎樣一個過程？

村：他們翻譯的時候會問我很多問題，初稿譯完以後我自己會讀，有時候我會給他們提一些意見。我的小說的英譯本很重要，有一些小國，比如克羅埃西亞、斯洛凡尼亞，他們翻譯我的作品時是從英譯本而不是日語版翻譯的，所以英譯本一定要準確精細。不過大多數國家還是從日文原版翻譯的。

評：你自己好像喜歡翻譯現實主義作家的作品，像卡佛、費茲傑羅、厄文。這種偏愛是否反映了你作為一名讀者的閱讀喜好？或者說，你是不是覺得沉浸於風格完全不同的作品中有助於你的寫作？

村：我翻譯過的那些作家，我都能從他們的作品裡有所收穫，這是最重要的。我從現實主義作家那裡學到很多，他們的作品需要仔細閱讀才能翻譯好，我可以發現他們的祕密所在。如果我去翻譯後現代作家，比如德里羅、巴斯，或者品瓊（Thomas Pynchon），那就會「撞車」──我的癲狂撞上他們的癲狂。當然，我仰慕他們的作品，不過，當我翻譯的時候，我會選擇現實主義作家。

評：你的作品經常被人稱為美國讀者最容易接受的日本文學作品，以至於人們把你稱為最西方化的當代日本作家。我想知道你是如何看待你與日本文化之間的關係。

村：我不想去寫身在異國的外國人，我想寫的是我們這些人，我想寫日本，想寫我們在這裡的生活，這對我來說很重要。很多人說我的風格西方人很容易接受，這也許沒錯，但我的故事是我自己的，它們並沒有西化。

評：在美國人眼裡，你作品中出現很多看起來很西化的事物，比如，披頭四樂隊，其實也是日本文化的組成部分。

村：我寫一個人在麥當勞吃漢堡，美國讀者就會好奇：為什麼這個角色吃的是漢堡，而不是豆腐？可是，吃漢堡對我們來說是一件十分平常的事情，每天都在發生。

評：你是否同意你的小說準確地描繪了當代日本的都市生活？

村：我的小說人物的行為方式，他們如何講話、有何反應、怎麼思考，都是非常日本的。沒有日本讀者——幾乎沒有任何日本讀者——抱怨我的故事和他們的生活相差太遠。我試圖描繪日本人，我想描繪我們是什麼樣的人，我們從何而來、去向何方。這是我的主題，應該是吧。

評：你在其他場合談到《發條鳥年代記》時說過，你對你的父親、對他的經歷以及他們那一代人都很感興趣，可是那部小說裡並沒有父親的形象，準確地說幾乎你的所有虛構作品中都沒有出現過，那麼在你小說的哪些地方能反映出你的這種興趣呢？

村：幾乎我的所有小說都採用第一人稱敘事，主人公的主要任務就是觀察周遭發生的事情，在那個當下看到他所必須看到、應該看到的一切。也許可以這麼說，他就像《大亨小傳》中的卡羅威。他是中立的，為了保持中立性，他必須擺脫所有血緣關係以及和某個垂直家族體系的聯繫。

你可以把這看作我對傳統日本文學中「家庭」所扮演的角色過於重要這一事實所做的回應。我想把我的主人公描繪成一個完全獨立的個體，他的城市居民的身分也與此有關，比起親密關係和私

人情意，這一類的人更加看重自由和孤獨。

評：你的最新短篇小說集裡有一篇《青蛙老弟，救東京》，寫的是東京面臨棲息於地下深處的一隻巨蟲的毀滅性威脅。當我讀這篇小說的時候，我會不自覺地聯想起漫畫，還有早期的日本魔獸電影。日本民間還流傳著這樣一個傳說：東京灣裡一直沉睡著一條巨大的鯰魚，它每隔五十年醒來一次，醒來便會引發一場地震。你覺得這些東西，比如漫畫，和你的小說之間是否有所聯繫？

村：不，沒有關係。我自己對漫畫並不特別著迷。你說的這些東西對我的寫作沒有影響。

評：那麼日本民間傳說呢？

村：我小的時候聽過很多日本民間傳說和老故事，這些故事對於一個人的成長是至關重要的。比如那個青蛙的角色，可能就來自於這些故事的積蓄。你有你美國的民間傳說，德國人有德國人的民間傳說，俄國人也有俄國人的。可是同時還存在一種屬於所有人的共同積蓄，比如《小王子》、麥當勞，還有披頭四。

評：全世界的大眾文化積蓄。

村：在今天這個時代，敘事對於寫作非常重要。我不在乎理論，也不在乎辭藻，最重要的是敘事的好壞。我們如今有個新的民間傳說類型，是由網際網路帶來的，它是某種隱喻。我看過那部叫《駭客任務》的電影，這個電影其實就是一個關於當代思維的民間傳奇，可是日本人全都說這部電影太乏味。

評：你看過宮崎駿的動畫《神隱少女》嗎？在我看來這部片子和你的小說有相似之處，也是把來自民間的素材用當代手法表現。你喜歡宮崎駿的電影嗎？

村：我不喜歡動畫片。那部電影我只看了一小半，它不是我喜歡的風格，我對那種作品不感興趣。當我寫小說的時候，我會看到一個影像，那個影像非常強烈。

評：你經常看電影嗎？

村：是的，我很愛看電影。我最喜歡的導演是芬蘭的考里斯馬基（Aki Kaurismäki）。我喜歡他的每一部電影，他太出眾了！

評：也很有趣。

村：非常有趣。

評：你剛才說幽默具有使人平靜的作用，它還有別的功能嗎？

村：我想讓我的讀者時而一笑。很多日本讀者是在上下班的列車上讀我的小說。拿普通薪金的職員每天上下班要花兩個小時，他們用這段時間來閱讀，因此我的書都分成上下兩冊出版——如果印成一本就會太沉了。我收到過讀者來信，抱怨說他們在車上讀我的小說時會發笑，這讓他們很難為情！我最喜歡這類來信了。我知道我的書讓他們發笑，這很棒。我希望每隔十頁就讓讀者笑一笑。

評：這是你的秘方嗎？

村：我倒沒真正去算，可是如果我能做到每隔十頁讓讀者笑一笑，那會很好。我上大學的時候喜歡讀馮內果（Kurt Vonnegut）和

布勞提根（Richard Brautigan）的書，他們都很有幽默感，但同時也寫嚴肅題材，我喜歡那種類型的書。我第一次讀他們的作品時頗為驚異，竟然還有這樣的書，那種感覺就像發現了一個新世界。

評：可你自己為什麼沒有嘗試去寫那種類型的小說呢？

村：我覺得這個世界，這種都市生活，本身就是某種喜劇。打開電視有五十個頻道要選，政府裡淨是些蠢人——當然是一齣喜劇。所以，我試圖寫嚴肅的東西。可是我越是嚴肅，就越有喜劇效果。我十九歲的時候，也就是一九六八、一九六九年左右，人們都極端嚴肅，那是一個嚴肅的時代，每個人都很理想化。

評：很有意思的是《挪威的森林》就發生在那個年代，那本書可能是你的作品中最不帶喜劇色彩的。

村：我們那一代人可以說是嚴肅的一代，可是當你回望那個年代，就會發現它有強烈的喜劇色彩！那是一個模稜兩可的時代，而我們那一代的人對此已經習慣。

評：魔幻現實主義的一條重要法則就是不去讓人注意故事中離奇怪誕的成分，可是你並沒有遵守這一法則，你筆下的角色經常發表對故事中離奇事物的看法，甚至去喚起讀者的注意。你為什麼要這樣寫？

村：這是一個很有意思的問題。讓我想一下……嗯，我覺得那是我對這個奇怪的世界的真實觀察，當我寫下這些文字，我的主人公也就經歷了我的經歷，而這些又被讀者所經歷。卡夫卡和馬奎

斯的作品更具傳統意義上的文學性，我的小說則更加活生生、更加當代，涉及更多的後現代經驗。你可以設想一個電影攝影棚，這裡所有的東西——柱子、靠牆的書架和上面的書——都是假的道具，牆也是紙做的。在經典的魔幻現實主義作品中，這些牆和書本都是真的，而在我的小說裡，如果有任何東西是假的，我會說出來，而不會假裝那是真的。

評：繼續這個關於攝影棚的比喻。你把鏡頭拉遠，會不會是要讓觀眾看到這個攝影棚的內部構造？

村：我不想讓讀者相信那是真實的，我想讓讀者看到它的本來面目。可以說，我在告訴讀者這只是一個故事，是假的。可是如果你以假當真，假的可以變成真的，這並不很容易解釋清楚。

十九世紀和二十世紀初的作家給讀者提供真實的東西，這是他們的職責。托爾斯泰在《戰爭與和平》裡把戰場描寫得淋漓盡致，以至於讀者信以為真。但我不那麼做，我不去謊稱那是真的。我們生活在一個虛假的世界裡，我們觀看電視裡虛假的晚間新聞，我們在打一場虛假的戰爭，我們的政府是虛假的，但我們在這個虛假的世界裡發現了真實。所以我們的小說也是這回事：我們走過一幕又一幕虛假的場景，但是在這個穿越的過程中我們本人是真實的，這種處境是真實的，從某種意義上講，這是一種承諾，是一種真實的關係。這就是我想要寫的。

評：在你的作品中，你總是不斷地描寫生活中平凡的細節。

村：我非常喜歡細節。托爾斯泰試圖進行全景式的描繪，而我則更關注細微之處。當你描繪細枝末節的時候，你就會把焦距調得

越來越近，這和托爾斯泰的做法完全相反——其效果是讓人感覺越來越不真實。這是我刻意所為。

評： 讓鏡頭極度逼近被描繪的事物，打破現實主義的限度，於是日常生活中雞毛蒜皮的瑣事變得奇異起來？

村： 距離越近，效果就越不真實。我的風格就是這樣的。

評： 你剛才把自己和馬奎斯、卡夫卡做了對比，你說他們是文學作家，那麼你認為你自己是一名文學作家嗎？

村： 我是一位當代文學作家，這和他們非常不同。在卡夫卡寫小說的年代，人們只有音樂、書籍和劇院，現在我們有網際網路、電影、影碟出租，還有好多別的。如今我們有如此多的競爭對手，而最主要的問題是時間。十九世紀的人（我指的是有閒階級）有很多時間，他們讀大部頭的書，去劇院坐上三、四個小時看一齣歌劇。可是如今每個人都很忙，社會上也不再有真正的有閒階級。閱讀《白鯨記》和杜斯妥也夫斯基有益身心，但是人們現在沒有那麼多時間。所以小說本身經歷了很多大幅度的改變，我們不得不抓住讀者的脖子硬把他們拖進來。當代小說作家使用很多來自其他領域的技術——爵士樂、電玩，等等，等等。我覺得如今電玩比任何東西都更接近文學。

評： 你是說電玩？

村： 是的。我自己並不喜歡玩，但我可以感覺到它和文學的相似性。當我寫作的時候，有時候我會覺得自己是一個電玩設計師，同時也是一個玩家。我編造了這個遊戲程式，然後置身其中，我的左手並不知道右手在做什麼。這是一種解離，給人分裂的感覺。

評：你是不是說，雖然你寫小說的時候並不知道下一刻會發生什麼，但你的另一部分卻很清楚故事會往何處去？

村：我想那是無意識的。當我沉浸在寫作之中，我可以同時體驗到作者的感覺和讀者的感覺。這是好事，它會加速我的寫作，因為我和讀者一樣想要知道接下來會發生什麼。不過有時候你必須煞車停下來，如果你寫得太快，讀者會感覺疲憊和乏味，你必須讓他們在某些地方停一停。

評：你是怎麼做到這一點的？

村：憑感覺。我知道什麼時候該停一停。

評：音樂，特別是爵士樂，對你的寫作有多大幫助？

村：我從十三、四歲開始聽爵士樂，音樂對我有很大的影響：音樂的和絃、旋律、節奏感，以及藍調的感覺，對我的寫作都有幫助。我當初想當一名音樂家，但我掌握不好樂器，所以我就成了作家。寫一本書就像演奏音樂一樣：開始時我演奏主題，接著我即興演奏，最後還有一個所謂的終曲。

評：在傳統的爵士樂作品中，樂曲在接近尾聲時會重返最初的主題。你寫小說時也會這樣嗎？

村：有時候會。爵士樂對我來說是一段旅程，是內心之旅，和寫作沒什麼差別。

評：你最喜歡的爵士音樂家有哪些？

村：那就太多了！我喜歡蓋茨（Stan Getz）和莫里根（Gerry

村上春樹 Haruki Murakami

Mulligan），我十幾歲的時候，他們是最酷的音樂家。當然，我還喜歡戴維斯（Miles Davis）和帕克（Charlie Parker）。如果你問我誰的唱片聽得最多，答案就是邁爾斯（Miles Davis）從五〇到六〇年代的作品。戴維斯一直是一位創新家，他不斷進行革命性的創新，我對他非常仰慕。

評：你喜歡柯川（John Coltrane）嗎？
村：嗯，一般般。有時候他有點兒過頭，過於固執。

評：其他類型的音樂呢？
村：我也喜歡古典音樂，特別是巴洛克音樂。我的新書《海邊的卡夫卡》的主人公，那個小男孩，他喜歡聽「電台司令」和「王子」。有一件事讓我很驚奇：有幾個「電台司令」樂團的成員喜歡我的書！
評：這我並不覺得奇怪。
村：有一天我在讀《Kid A》₂這張專輯裡的文字說明，那上面說他喜歡我的小說，這讓我感覺很驕傲。

評：能否簡單地談一談《海邊的卡夫卡》？
村：這是我寫過最複雜的一本書，比《發條鳥年代記》還要複雜，幾乎無法解釋。
這本小說有兩條平行發展的故事主線。主人公是一個十五歲的男孩，名叫卡夫卡；另一條主線的主人公是一位六十歲的老人，他目不識丁，是個傻子，但他可以和貓交談。名叫卡夫卡的男孩受到了父親的詛咒——類似伊底帕斯受到的詛咒：你將殺掉我，你

的父親，並和你的母親發生肌膚之親。他從父親那裡逃脫，試圖擺脫那個詛咒；他來到一個很遠很遠的地方，在那裡接觸到一個怪異的世界，經歷了一番如夢似幻的奇事。

評：這本書在結構上是不是也像《世界末日與冷酷異境》那樣，敘事在兩條不同的故事主線之間按章節交替進行？

村：是的。最初我想寫一部《冷酷異境》的續篇，但後來決定還是寫一個完全不同的故事。這兩本書的風格非常相似，其靈魂也是相近的，主題都是關於這個世界和另外一個世界，以及你如何往返於兩個世界之間。

評：聽上去很讓人激動，因為在你的書中我最喜歡的就是《冷酷異境》。

村：我也和你一樣。這本新書具有一定的挑戰性，因為在我以前寫過的小說裡主人公都是二、三十歲的年紀，而這本書的主人公只有十五歲。

評：主人公更接近於《麥田捕手》中的考爾菲德（Holden Caulfield）？

村：是的。這本小說我寫得很帶勁。當我寫這個男孩的時候，可以回想起自己十五歲時的樣子。我覺得記憶是人類最重要的財富，它就像一種燃料，可以溫暖你，也可以把你燒成灰燼。我自己的記憶如同一只櫃子，有很多個抽屜，當我想變成一個十五歲的男孩，我就打開其中某個抽屜。於是我看到了自己孩提時代在神戶看到的風景，我可以嗅到那時的空氣，我可以撫摸那裡的土

地，我可以看見蔥綠的樹木。這就是我要寫這本書的原因。

評：為了找回十五歲的感覺？

村：是的，這是原因之一。

評：你的成長期是在神戶而不是別的日本城市度過的，神戶是一
　　座有名的浮華都市，而且似乎還有一點兒古怪。在神戶的成長經
　　歷與你形成自己獨特的文風有沒有關係？

村：京都人比神戶人還要古怪！他們被大山包圍，所以他們的頭
　　腦與眾不同。

評：你是在京都出生的，是吧？

村：是的，但兩歲的時候我家就搬到神戶了，所以神戶是我的故
　　鄉。神戶臨山靠海，地形狹長。我不喜歡東京，東京太平坦、太
　　寬闊、太巨大了。我不喜歡這裡。

評：可你住在這裡啊！我敢說，只要你願意，想住哪都行。

村：我住在這裡是因為可以過著無名氏的生活，就像住在紐約一
　　樣，沒人認識我，哪都可以去；我可以坐火車，沒人會來管我。
　　我在東京近郊某個小鎮有幢房子，當地所有人都認識我，每次我
　　出去散步，都會有人認出我來，有時候這很煩人。

評：剛才你提到村上龍，他似乎是位和你非常不一樣的作家。

村：我的風格算是後現代的，村上龍則更主流。不過，當我第一
　　次讀他那本《寄物櫃裡的嬰孩》，頗感震驚，我打定主意要寫這
　　種氣勢強大的小說，於是我開始寫《尋羊冒險記》，可說是想較
　　勁吧。

評：你和村上龍是朋友嗎？

村：我們關係很好，至少不是敵人。他的天賦渾然天成、有氣勢，他好像擁有一口離地面很近的油井。我的情況則不同，我的石油儲藏在地下很深的地方，我必須不停地挖呀挖呀，非常辛苦，而且找到石油要花時間。可是一旦找到了，我就堅定而有自信。我過著規律而有條有理的生活，一直不停地挖掘是件好事。

（比目魚／譯）

（原載《巴黎評論》第一七〇期，二〇〇四年夏號）

1 錢德勒在《漫長的告別》與《高窗》等小說中塑造的偵探。
2 電台司令樂團在二〇〇〇年推出的音樂專輯。

奧罕・帕慕克
Orhan Pamuk

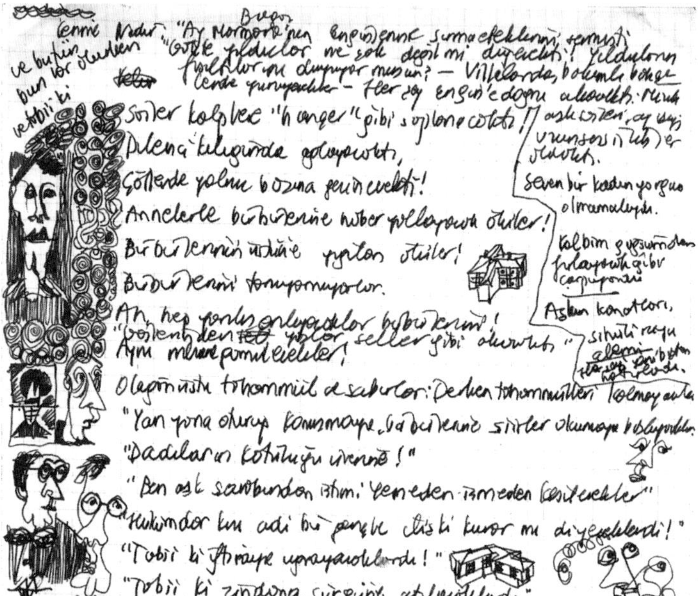

帕慕克的一頁手稿。

The Paris Review : Interviews

奧罕‧帕慕克一九五二年出生於伊斯坦堡，至今仍住在那兒。在土耳其共和國初期，帕慕克家人從事鐵路建築業致富。帕慕克在伊斯坦堡富家子弟所上的羅伯特學院上學，接受了世俗的西式教育。帕慕克從小喜歡視覺藝術，上大學時選擇建築專業，但不久改變想法，希望從事寫作。如今，他是土耳其讀者最多的一位作家。

帕慕克的處女作為《傑夫代特先生》，出版於一九八二年。其後他又創作了《寂靜的房子》（1983）、《白色城堡》（1985年原著出版／1991年英譯本出版）、《黑書》（1990/1994）、《新人生》（1994/1997）。二〇〇三年帕慕克獲得國際 IMPAC 都柏林文學獎，獲獎作品為《我的名字叫紅》（1998/2001）。這是一部謀殺懸疑小說，故事背景為十六世紀的伊斯坦堡，小說中有多重第一人稱敘述，探索了他後來小說中常見的一些核心主題：在一個橫跨東西方的國度身分的錯綜複雜性、兄弟之爭、雙重性的存在、美和原創的價值、文化影響的焦慮。《雪》(2002/2004) 側重宗教和政治極端主義，是他第一部質疑現代土耳其政治極端主義的著作，在土耳其國內頗多爭議，但此書進一步奠定了他的國際地位。帕慕克近著為《伊斯坦堡：一座城市的記憶》（2003/2005），此書記載了作者青少年時期的成長，也追憶了他成長的這個城市。

本訪談是在倫敦與帕慕克的兩次直接面談，外加通信聯繫寫成的。我們第一次談話是二〇〇四年四月，帕慕克的《雪》在英國出版之後。為這次訪談我們專門在飯店地下一樓訂了一間企業會議室，裡面亮著日光燈，空調聲很吵鬧。帕慕克來的時候，身穿黑色燈芯絨夾克、淡藍色襯衫、黑色休閒褲。他看了看，說了

聲：「我們死在這裡都不會有人發現。」我們退到酒店大廳一個比較舒適、安靜的角落，聊了三個小時，其間只有喝咖啡吃雞肉三明治的時候有所中斷。

二〇〇五年四月，帕慕克因《伊斯坦堡》的出版而重回倫敦。我們又到了同一酒店同一角落，聊了兩個小時。一開始他似乎很憔悴，這不難理解。兩個月前，他在接受瑞士報紙《每日導報》採訪時說：「土耳其有三萬庫德族人和上百萬亞美尼亞人被殺害，但是只有我敢討論。」此言一出，土耳其民族主義報刊發起了一場針對帕慕克的嚴厲批判。畢竟，土耳其政府堅決否認一九一五年針對在土耳其的亞美尼亞人的種族滅絕屠殺，還立法禁止討論庫德族人現有的衝突。帕慕克拒絕當眾討論此次爭議的內容，希望爭議就此平息。但是八月份，由於在瑞士媒體上發表的言論，他吃了一場官司。根據《土耳其刑法》第三百零一條第一款的規定，他被指控「公開詆毀」土耳其，如罪名成立，最高刑罰為三年監禁。這場官司引起了一場軒然大波，被國際媒體廣泛報導，歐洲議會和國際筆會也向土耳其政府提出了強烈抗議，但當本期《巴黎評論》十一月付印時，針對帕慕克的指控依舊生效，他須於二〇〇五年十二月十六日出庭受審。₁

——安赫爾・葛利亞昆塔納（Ángel Gurría-Quintana），二〇〇五年

《巴黎評論》（以下簡稱「評」）：你喜歡接受採訪嗎？

奧罕‧帕慕克（以下簡稱「帕」）：我有時覺得緊張，因為有些問題很無聊，我的回答也同樣愚蠢，不管是用土耳其文還是英文。我的土耳其語說得很糟，句式很蠢。在土耳其，批評我訪談的人多過批評我作品的人。土耳其的那些政論家和專欄作家反正也不看小說。

評：你的著作在歐美反響不錯，在土耳其評論界遭遇如何？

帕：好日子已經過去了。我剛出頭的那些年，老一輩作家正逐漸凋零，我是新人，所以頗受歡迎。

評：說起上一代作家的時候，你想到的是哪些人呢？

帕：那些肩負社會責任感的人，那些認為文學擔負著道德和政治責任的作者。他們是徹頭徹尾的現實主義者，不玩實驗。和大部分窮國作家一樣，他們的才智浪費在為國家服務上了。我不希望和他們一樣，因為在我年輕的時候，就喜歡福克納、吳爾芙、普魯斯特。我從不想走史坦貝克和高爾基這種現實主義的路子。六、七〇年代的寫作過時了，我則是初出茅廬，作為新一代作家很受歡迎。

九〇年代中期後，我的書的銷量在土耳其已經超出任何人所能想像。此後，我和土耳其媒體以及知識份子們的蜜月期就結束了。從此之後，評論界主要關注的是話題和銷量，而不是我這些書的內容。很不幸，現在我因一些政治言論而臭名在外，這些言論本來都是在國外的訪談，但是被土耳其民族主義記者刻意扭曲，誇大了我的極端性和我在政治上的愚蠢。

評：所以說你的受歡迎惹動了一些人的敵意？

帕：我個人堅決認為這是對我銷量和政治評論的一種報復。不過這話我不想多說，因為聽起來像是為自己辯解。或許我對全局有所誤解。

評：你在什麼地方寫作？

帕：我一直認為睡覺以及和家人在一起的空間，得和寫作的地方分開。家庭的瑣事和細節有時候會傷害想像力，消磨我的熱情。家庭瑣事和日常生活，會讓人對其他世界的嚮往漸漸消逝，而那股嚮往正是想像力所繫。因此多年來，我一直都在家之外另置一間辦公室，或找個地方，用來寫作。

不過有一回，我在美國度過半個學期，那時候我的前妻在哥倫比亞大學讀博士。我們住在給已婚學生住的公寓，我的空間沒有了，睡覺、寫作都在這一個地方。到處都會讓我想起家庭生活的種種。我很苦惱。每天早晨，我都跟妻子告別，彷彿去上班一樣，離開家門，走上幾個街區，然後再回來，就彷彿到辦公室上班一樣。

十年前，我在博斯普魯斯找到了一處公寓，可俯瞰老城區。這裡的風景在伊斯坦堡算得上是首屈一指。從我住的地方過去需要二十分鐘。裡頭堆滿了書，我的書桌就對著這片風景。我平均每天在那裡待上十個小時。

評：一天十小時？

帕：是的，我很勤奮。我喜歡這樣。人們說我心太野，或許沒錯。但是我喜歡我做的事情。我喜歡坐在桌子前，就如同孩子在玩玩具一樣。我是在做事，可這也是玩，也是在遊戲。

評：《雪》中與你同名的奧罕形容自己是個每天在同一時間坐下來辦事的小職員，你是不是一樣也帶著嚴格的紀律從事寫作呢？

帕：我強調小說家、小職員的特性。他們與詩人不一樣，土耳其詩人地位高，做詩人很流行，也受人尊重。奧圖曼帝國時代，大多數蘇丹和政治家是詩人，但這和我們今日理解的詩人不同。數百年來，寫詩是成為知識份子的一種方式。這些人大都將自己的詩稿整理成名叫「集子」的詩集。事實上，奧圖曼帝國時代的宮廷詩歌又稱集子詩，奧圖曼帝國的政客有一半都有自己的集子。這種寫作要遵循各種傳統和儀式，是一種很複雜很有學問的寫作方式。很傳統，也很有重複性。西方觀念進入土耳其後，人們心目中的詩人是那種對真理有著火熱追求的人，這是一個浪漫而又現代的理念，和土耳其原來的傳統合流了，更是給詩人的聲望錦上添花。而小說家則是藉耐力來打拚，基本上是靠著耐心，慢慢地，像螞蟻一般地前行。小說家令人印象深刻，憑的不是那種瘋魔而浪漫的眼光，而是他的耐心。

評：你寫過詩？

帕：經常有人這麼問。我十八歲時，在土耳其發表過一些詩歌，但後來我放棄了。我的解釋是，我認識到，詩人是神的代言人，對詩歌得有一種如同被附體的感覺。我試著寫過詩，但過了一段時間，我意識到神沒有在跟我說話。我為此感到難過，我也試圖想像，如果神通過我說話，會讓我說什麼。我開始寫，寫得很認真、很慢，我想把這個問題弄清楚。這就是散文式寫作、小說寫作。因此，我就像一個職員。別的作家或許會覺得這麼說有點侮辱性，但我能接受，我就像一名職員一樣工作。

評：可不可以這麼說，隨著時間的推移，小說寫起來會越來越順手？

帕：可惜不是。有時我覺得我筆下的人物應該進入一個房間了，可是我不知道如何讓他進去。我可能更自信了一些，可是這也未必是好事，因為這樣你就不去實驗了，而是想到什麼寫什麼。過去三十年來我一直在寫小說，所以我想也應該有了些長進。可是有時候，還會意外遇到思維的死胡同。人物進入不了房間，我也不知道該怎麼辦。還是這樣！都三十年了！

對於我這種思維方式來說，將書分章節很關鍵。小說創作中，如果我提前知道情節——大部分時候我知道，我會將其分章節，然後再想出細節來。我不一定會從第一章開始動筆，然後按部就班一章一章寫下去。如果在哪受阻寫不下去了，這對我來說也不是多嚴重的事，我就隨興換一處繼續下去。有時候我從第一章寫到第五章，如果我寫得不開心了，我就跳到第十五章接著寫。

評：你是不是每次都提前把整本書籌畫好？

帕：全都籌畫好。例如，《我的名字叫紅》，裡面有很多人物，每個人物我都分配好章節。寫的時候，有時候會想繼續「做」其中的某個人物。所以等我寫完了莎庫兒，或許是第七章，我會跳到第十一章，因為第十一章寫的還是她。我喜歡扮演莎庫兒。從一個人物跳到另外一個人物，或許會讓人鬱悶。

但是最後的一章我總是最後寫。這是肯定的。我想逗自己一把，問自己結尾該是什麼樣子。結尾我只能來一次。快到結尾，停筆之前，我會回去修改前面的章節。

評：你寫的時候，有沒有給誰看過？

帕：我的作品，總是讀給與我生活相交的人聽，如果那人說，再給我看一點，把你今天寫的給我看看，那我會很感謝。這是必要的壓力，同時也像是父母在拍你的後背，說，做得不錯。偶爾，對方會說，這個對不起，不敢苟同。這也好。我喜歡這套路。我總是想起我的榜樣之一──湯瑪斯・曼。他有時候會讓全家人聚到一起──他的六個孩子和妻子，他會給聚在一起的一家人念他的作品。我喜歡這樣，老爸給你們講故事這種方式。

評：你年輕的時候想做畫家，是什麼時候想到棄畫從文的？

帕：是二十二歲的時候。從七歲那年我就想成為一名畫家，我的家人也都接受了這一點，他們都認為我將成為一位著名畫家。但後來我腦海裡起了變化，就彷彿有顆螺絲鬆了一般。我停住不畫了，而且馬上開始寫小說。

評：螺絲鬆了？

帕：我沒法說明這樣做是出於什麼原因。我最近出版了一本書，叫《伊斯坦堡》。它一半是我到二十二歲為止的自傳，另一半是關於伊斯坦堡的文章，更確切地說，是通過一個孩子的視角看伊斯坦堡，結合了一些關於伊斯坦堡的圖像、景觀、風格的思考，還有孩子眼中的這個城市，以及這個孩子的傳記。在書的最後一句，我說：「我不想成為藝術家，我要當作家。」這裡我也沒有做什麼解釋。不過，把整本書看完，或許可以得到一些解答。

評：你的家人對這一決定是否感到高興？

帕：母親挺不高興的。我父親更能理解一些，因為他年輕的時候，曾想當詩人，將梵樂希（Valéry）的作品翻譯成土耳其語。但他所屬的上流社會嘲笑他，於是他放棄了。

評：你家人把你當畫家而不是小說家看？
帕：是的，因為他們認為我沒法成為專職畫家。我們家的傳統是做土木工程。我祖父是位土木工程師，修築鐵路賺了不少錢。我父親那一輩把錢都花掉了，但他們都上了同一所工程學院——伊斯坦堡技術大學。家人也指望我去那裡，好吧，那我去吧。不過，因為我是家人心目中的藝術家，大家覺得我應該順理成章當建築師。這似乎是一個人人滿意的解決方案。於是我上了這所大學，但在學校學建築期間，我突然放棄繪畫，從事寫作。

評：放棄繪畫的時候，你是不是已經在醞釀第一部小說了？
帕：我記得我還不知道要寫什麼，但我就想成為一名小說家。事實上，我開始寫作時，開頭兩三次很不成功。我還有這些筆記本，可是過了大約六個月後，我開始寫一部大部頭，後來以《傑夫代特先生》的名字出版。

評：此書還沒有翻譯成英文。
帕：它實際上是一個家世傳奇小說，就如同《福賽特世家》或湯瑪斯‧曼的《布登勃洛克一家》。寫完不久，我就開始後悔寫了部這麼過時、這麼十九世紀的小說。之所以後悔，是因為到了二十五、六歲的時候，我就認準了要做一個現代作家。小說最終出版的時候，我三十歲了，寫作手法也開始有更多的實驗色彩。

評：當你說你想成為更現代、更有實驗色彩的作家時，在你心中是否有一個榜樣？

帕：當時，我心目中最偉大的作家不是托爾斯泰、杜斯妥也夫斯基、司湯達爾或湯瑪斯‧曼，我心目中的英雄是吳爾芙和福克納。現在我想把普魯斯特和納博科夫加入這一名單。

評：《新生活》的開場白是「有一天，我讀了一本書，從此我的生活完全改變。」是不是什麼書對你有這樣的效果？

帕：我二十一、二歲的時候，《喧譁與騷動》對我很重要。我買了企鵝出版社的版本。文字很難理解，況且我的英文不好。但是此書有個土耳其譯本很好，所以我把土耳其版和英文版一起放在桌子上，用一種語言讀半段，然後換另外一種語言。這本書對我影響很大。讀罷此書的一個殘留效果，是它幫我發展出了敘述的聲音。不久，我就用單數第一人稱來寫作了。大部分時候，我用第一人稱扮演他人的寫作要勝過我用第三人稱的寫作。

評：你是說經過了多年，第一部小說才出版？

帕：二十多歲那時候，我在文學界一個人都不認識。我沒有加入伊斯坦堡任何文學團體。我出版作品的唯一機會，是參加土耳其未出版書稿的文學競賽活動。我參加了，還得了獎，獎品是讓一家優秀出版社出版我的作品。那時候，土耳其經濟不景氣。他們說，是的，我們會簽合約，可是小說的出版拖了好久。

評：你的第二部小說的出版是不是順利些？

帕：第二本是政治作品。但不是宣傳。我在等著第一部出版的時

候，就在動筆寫這一本了。這書我花了差不多兩年半時間。突然有天晚上，土耳其發生軍事政變了。那是一九八○年。次日，原本要出版我第一本書《傑夫代特先生》的出版商說不出了，儘管我們已經簽過合約。那時候我意識到，即使我第二部書當時寫完了，五、六年內也無法出版，軍方是不會允許它出版的。所以，我的想法可歸納如下：我二十二歲時就說自己要寫小說，寫了七年，希望能在土耳其出版點什麼作品……結果一無所獲。現在我快三十了，作品也沒法發表，手頭還有那部沒寫完的二百五十頁政治小說放在抽屜裡。

軍事政變之後，我不想消沉下去，便開始寫第三部書，就是你提到的《寂靜的房子》。一九八二年我第一本書出版的時候，就是在寫它。《傑夫代特先生》的回饋很好，這意味著我可以將當時在寫的書出版，因此，我的第三本書成了我第二部出版作品。

評：在軍事政權統治下，到底是什麼原因使得你的作品出版不了？

帕：小說中的人物是上層階級的年輕馬克思主義者，他們的父母親常去避暑勝地，他們擁有很大很寬敞很豪華的住宅；他們也為自己馬克思主義者的身分沾沾自喜。但他們打鬥、內訌，還陰謀炸死總理。

評：養尊處優的革命小圈子？

帕：上流社會的年輕人，還帶著富人的習慣，故作極端狀。不過我不想做什麼道德評判。我只不過是要將自己的青春浪漫化而已。向總理投擲炸彈這個想法，就足以讓此書被禁。

所以我並沒有完成此書。寫書的時候，自己也會改變，總不能一直扮演同樣的角色。你不能像以前一樣繼續。每個作者寫的每一本書，都代表著他自己發展的某個階段。一個人的小說，可以看做他精神發展史上的一塊里程碑，過了就回不去。一旦小說的彈性終結，你也就莫可奈何。

評：你在嘗試各種思想觀念的時候，如何在小說的形式上下功夫呢？是從一個意象，還是從第一句話開始的？

帕：沒有固定的公式。但是我儘量不用同一種模式寫兩部小說。我想全部重來。因此，很多讀者告訴我，我特別喜歡你這部小說，真可惜，你沒沿這個路子接著寫；還有人說，以前我看你的小說都不喜歡，直到你寫出某某小說為止。很多人是這麼議論《黑書》的。事實上，我很討厭聽人這麼說。在形式上、風格上、語言上、情緒上、形象上開展不同試驗，用不同思維對待不同的書，這樣才好玩，才有挑戰性。

我通過不同管道給書選材。《我的名字叫紅》，我想寫我當畫家的野心。我的頭開得不大好。剛開始，我只針對一位畫家像寫專著。接著我將這個畫家，變成同一個畫室裡協作的多個畫家。視角變了，因為現在有別的畫家在說話了。一開始，我想寫的是一個現代畫家，但是接著我又想，這個土耳其畫家或許太缺乏原創性、太受西方影響了，因此我在時間上開始回溯，寫起細密畫家來。就是這樣，我找到了寫作的題材。

有些題材要求你在形式上有所創新，或是故事敘述策略。例如有時候，你只是看到了什麼，或者讀到了什麼，或者說看了一部電影、看了一篇報紙文章，然後你就想，我來讓洋芋說話，或者讓

狗、樹木來說話。一旦你有了這個想法，你就開始構思小說裡的對稱性和延續性。你會感覺這很妙，畢竟沒有人這麼做過。

最後，有些事情我已經想了多年。或許我會將有些想法告訴親密的朋友。為了自己要寫的小說，我寫了很多筆記。有時候一開始我並沒有寫這些小說的念頭，可是一打開筆記本，開始做筆記的時候，我就有可能寫這小說。所以完成一部小說的時候，我的心思或許已經跑到其他小說上去了。完成第一部小說兩個月後，我就動筆寫下一部了。

評：許多小說家不會討論正在創作的作品，你是不是也對這些小說保密？

帕：我從來不討論情節。在正式場合，如果有人問我寫什麼，我總是用同一句話來對付：發生在當代土耳其的一部小說。我很少向人透底，除非是我特別熟悉的、我知道不會傷害我的人。我說的都是些噱頭，比如我說我會讓雲來敘述。我很想看大家對此的反應。這有點孩子氣。我寫《伊斯坦堡》的時候就常這麼做。這種思維很像向爸爸賣弄聰明的小頑童。

評：噱頭這個詞有負面含義。

帕：你是用噱頭開始的，但是最後你如果相信作品在文學上、道德上的嚴肅性，它就會變成一種嚴肅的文學創造；它會成為一種文學聲明。

評：評論界常把你的作品歸入後現代小說；可是在我看來，你的敘事手法主要來自傳統，例如，你在作品中引用《一千零一夜》

之類東方的經典。

帕：這是從《黑書》開始的。不過早先我讀過波赫士和卡爾維諾的作品。我和妻子一九八五年訪問過美國，在那裡我接觸到極為出色、極為豐富的美國文化。作為一個來自中東的土耳其人、一個寫作地位還沒有奠定的作家，這些讓我有一種高山仰止的感覺。因此，我退回到我自己的「根」。我意識到我們這一代人必須發明出一種現代的土耳其文學。

波赫士和卡爾維諾解放了我。傳統伊斯蘭文學是很反動、很政治的，且被一些保守派用一種老式、愚蠢的方式在用，我從來不覺得我會去使用這些素材。可是到了美國後，我意識到我可以帶著波赫士和卡爾維諾式的心態，回到這些素材上。我得在伊斯蘭文學的宗教和文學內涵之間作一明確區分，這樣我才可以容易、合理地使用其中豐富的遊戲、噱頭和寓言。土耳其的裝飾文學高度發達，這方面的傳統源遠流長。可是那些搞社會實踐的作家，將這個傳統中比較創新的內容給倒空了。

在中國、印度、波斯等國的口述文學傳統裡，一些寓言總重複出現。我決定將它們放入當代伊斯坦堡的語境下。這有實驗性，是將一切拼湊起來，如同一幅達達主義的拼貼作品。《黑書》就有這個特徵。有時候所有這些來源會混到一起，出現新的東西。所以我將所有重述伊斯坦堡的故事放在一起，加上一個偵探的情節，結果就有了《黑書》。不過該小說的源頭，是強勁的美國文化，以及我想成為一個實驗派嚴肅作家的願望。我沒法寫關於土耳其問題的社會評論式作品，這些問題讓我感到惶恐。所以我得寫些別的。

評：你有沒有通過文學來開展社會評論這方面的興趣？

帕：不，我的寫作是對老一輩小說家，尤其是八〇年代那些作家的一種反駁。當然我是帶著恭敬說這些的，可是他們作品的主題實在狹隘、偏僻。

評：讓我們回到《黑書》之前。是什麼原因促使你寫《白色城堡》？在這本書裡，你第一次使用在後來其他小說裡一再重複的主題——扮演他人。為什麼成為他人這個主題，在你的小說中會一再出現？

帕：這是一個很私人的事情。我有一個很要強的哥哥，比我只大十八個月。從某種程度上看，他是我父親，我的所謂佛洛伊德式的父親。他成了我的「他我」，權威的代表者。另一方面，我們也有競爭，也有手足情誼。這關係非常複雜。我在《伊斯坦堡》中寫了很多這方面內容。我是個典型的土耳其男孩，熱衷於足球、各種遊戲和比賽。哥哥在學校裡很成功，比我出色。我嫉妒他，他也嫉妒我。他是個很講道理很負責的人，在上級和長輩面前說得上話的那一種。比賽的時候我關注遊戲，他注重規則。我們一直在競爭。我想像我是他，諸如此類。這樣就成了一種模式。羨慕、嫉妒，這些都是我喜歡的主題。我始終擔心，哥哥的力量和成功，會在多大程度上影響我。這種擔憂，是我思想的一個重要組成部分。我知道這一點，所以我在我自己和這些感情之間添加距離。我知道這些不好，所以和其他文明人一樣，我與之抗拒。我不是說我是嫉妒的犧牲品。可是我一直要對付的就是這錯綜複雜的情緒。當然，到了後來，這就成了我所有小說的題材。在《白色城堡》裡，兩個主要角色之間那種近乎施虐受虐的關係，就是

在我和哥哥的關係基礎之上加工的。

另外，關於扮演他人的主題，也體現在土耳其面對西方文化時感受到的脆弱。寫完《白色城堡》後，我意識到這種嫉妒——這種被他人影響的焦慮，就像土耳其面對西方時的那種處境。你知道，土耳其試圖西化，可是又有人說它西化得不真實。它想得到歐洲的精髓，又為自己的模仿心態感到內疚。這種情緒的起伏，也很像兄弟之間的比拚。

評：在你看來，土耳其東方化和西方化之間的衝突，能否得到和平解決？

帕：我是一個樂觀主義者。土耳其不應該擔心有兩個精神、屬於兩種不同的文化、有兩個靈魂，精神分裂症會讓你更聰明。或許你會脫離現實——我是寫小說的，所以這反倒不是壞事，但是你不要擔心你的精神分裂症。如果你總擔心你的一個組成部分傷害另一個，你最後只剩下唯一一種精神，那倒還不如精神分裂。這是我的理論。我試圖在土耳其政治中宣揚它，在追求土耳其靈魂一體化的政客之間宣揚這一點，因為有些政客說土耳其要麼東方化，要麼西方化，要麼民族主義化，而我反對這種死鐵板一塊的思維。

評：你這宣傳在土耳其是否被人接受呢？

帕：民主、自由的土耳其這一理念越是牢固，我的思想就越是能被人接受。土耳其也只有帶著這種理念，才能進入歐盟。這是對抗民族主義的一個方法，對抗「我們歸我們，他們歸他們」這種思維。

評：可是在《伊斯坦堡》中，你將土耳其浪漫化，似乎是在緬懷一個已經不復存在的鄂圖曼帝國。

帕：我不是哀悼鄂圖曼帝國的消失。我是一個西化派，我對西化進程感到高興。我只是在批評統治菁英——包括政治官僚和新富人階層——對西化的狹隘理解方式。他們缺乏必要的自信，沒法建設出一個本國文化，一個富有自己象徵和儀式的文化。他們不去追求建設一個伊斯坦堡文化，將東西方有機地結合，而只是將東方和西方的內容像大雜燴一樣摻和在一起。當然，這裡有很強勢的鄂圖曼帝國文化，但是它也在慢慢消逝。他們應該不遺餘力地去創造強勢的本土文化，這種文化可以將東方的歷史和西方的現實相結合，而不只是對二者的模仿。我力圖在我的書裡做同樣的事。或許新一代更有可能在這方面成功。加入歐盟不會毀掉土耳其的認同，反倒會使得土耳其更加繁榮，讓我們有更多自由、更大自信，讓我們來創造一個土耳其新文化。奴隸一般模仿西方，或是奴隸一般模仿已經逝去的鄂圖曼帝國文化，都不是好的解決方案。你得將這些拿來做成事情，而不是只為自己屬於這個或者那個感到焦慮。

評：在《伊斯坦堡》一書當中，你似乎對外國的、西方的目光有認同感，並用這樣的目光觀看自己的城市。

帕：但我也解釋了一個西化的土耳其知識份子能夠認同西方目光的緣由。伊斯坦堡的形成，就是對西方的一個認同過程。這裡總有這種區分，也不難認同東方的憤怒。這裡的人有時候是西方人，有時候是東方人，事實上常常是二者合一。我喜歡薩伊德（Edward Said）的東方主義觀念，可是土耳其從來沒有被殖民

讀者服務卡

您買的書是：_____

生日：　　年　　月　　日

學歷：□國中　　□高中　　□大專　　□研究所（含以上）

職業：□學生　　□軍警公教　□服務業

　　　　□工　　　□商　　　□大眾傳播

　　　　□SOHO族　　　　□學生　　□其他_____

購書方式：□門市_____書店 □網路書店 □親友贈送 □其他_____

購書原因：□題材吸引 □價格實在 □力挺作者 □設計新穎

　　　　　□就愛印刻 □其他_____（可複選）

購買日期：_____年_____月_____日

你從哪裡得知本書：□書店　□報紙　□雜誌 □網路 □親友介紹

　　　　　　　　　□DM傳單 □廣播 □電視 □其他

你對本書的評價：（請填代號 1.非常滿意 2.滿意 3.普通 4.不滿意）

　　　　　書名_____ 內容_____封面設計_____版面設計_____

讀完本書後您覺得：

1.□非常喜歡 2.□喜歡 3.□普通 4.□不喜歡 5.□非常不喜歡

您對於本書建議：

舒讀網「碼」上看

235-53
新北市中和區建一路249號8樓
印刻文學生活雜誌出版有限公司　收
讀者服務部

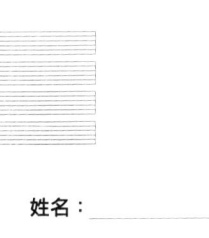

姓名：＿＿＿＿＿＿＿＿　　性別：□男　□女

郵遞區號：＿＿＿＿＿＿＿＿

地址：＿＿＿＿＿＿＿＿＿＿＿＿＿＿＿＿

電話：（日）＿＿＿＿＿＿　（夜）＿＿＿＿＿＿

傳真：＿＿＿＿＿＿＿＿＿＿

e-mail：＿＿＿＿＿＿＿＿＿＿

INK

過，將土耳其浪漫化對土耳其人來說從來都不是難事。西方人從來沒有像羞辱阿拉伯人和印度人那樣羞辱過土耳其人。伊斯坦堡只被入侵過兩年時間，敵人的船隻怎麼來還是怎麼走的，沒有在民族精神上留下傷痕。留下傷痕的，是鄂圖曼帝國的滅亡。所以我沒有這種焦慮，沒有這種被西方人瞧不起的感覺。不過自從共和國成立後，有了一種害怕，因為土耳其人想西化，但是又走不了多遠，所以就有了一種文化上的自卑，這是必須對付的。我自己偶爾也會有這感覺。

可是另外一方面，我們這種傷痕，和那些被人統治或者殖民過兩百年的國家沒法比。土耳其人從來沒有被西方大國壓迫過。土耳其人受的壓迫都是自找的。我們出於實用目的，抹煞自己的歷史。這種壓迫中有一種脆弱感。可是這種自己開展的西化，也同樣帶來了孤立。印度人曾經和壓迫者面對面打交道。土耳其人很奇怪，是和自己所模仿的西方世界割裂開的。在二十世紀五〇甚至六〇年代，如果有外國人入住伊斯坦堡的希爾頓酒店，所有報紙都會報導。

評：你是否相信有個正典的存在，或者說是否應該有個正典？我們聽說過西方正典一說，那麼非西方正典呢？

帕：是的，還有另外一個正典。應該去探索、開發、共用、批評，然後加以接受。現在的所謂東方經典是一片廢墟。那些皇皇巨著四處都有，但是沒有人將它們整理出來。從波斯經典，到印度、中國、日本的經典，都必須帶著批評的眼光來評估。目前，這些正典把握在西方學者手裡，西方是傳播和溝通的中心。

奧罕・帕慕克 Orhan Pamuk

評：小說是一個非常西方的文化形式，在東方傳統裡有沒有它的地位？

帕：現代小說，除了史詩的形式之外，本質上是個非東方的東西。小說家是個不屬於特定群體的人，並不與群體共享其本性，他帶著和自己所經歷的文化不同的一種文化，來思考、來評判。一旦他的意識和他所處的群體不同，他就成了局外人、孤獨者。他文字的豐富性是來自局外人那種偷窺的視角。

一旦養成這種觀察世界的方式，你就會用這種方式去寫作，就有那種脫離群體的欲望，這就是我在《雪》裡的思維模式。

評：《雪》是你所發表的最有政治色彩的書。你是如何看待此書的？

帕：二十世紀九〇年代中期，我在土耳其開始成名的時候，針對庫德族游擊隊的戰爭正打得激烈，老一代的左翼作家和新一代的現代自由派都想拉我入夥，如簽請願書之類，他們開始讓我做一些和我的書不相干的事情。

不久，統治階層開始用污蔑名聲的方式來反擊，他們開始罵我，我很生氣。過了一段時間我就想，不如我寫一部政治小說，探究我自己在精神上的兩難處境——一個來自中上階層家庭的人，卻覺得對沒有政治代言人的人們負有責任。我相信小說藝術的作用。寫小說把我變成了一個局外人，這是件奇怪的事情。我那時候就跟自己說，不如寫一部政治小說吧。完成《我的名字叫紅》之後，我就開始動筆寫。

評：你為什麼將故事發生地放在卡爾斯小城？

帕：卡爾斯是土耳其以寒冷著稱的小城，也算得上最為貧窮的地方。八〇年代初，我們有份主要報紙曾經用了頭版一整版，專門報導該城的貧窮。有人計算過，用一百萬，就可以把整個小鎮全部購買下來。我想去那裡的時候，政治氛圍不是很有利。小城周邊大部分是庫德族人，但是小城中心住著庫德族人、亞塞拜然人、土耳其人和其他各種類型的人。過去還有俄羅斯人和德國人。這裡還有宗教上的差異，什葉派和遜尼派都有。政府反庫德族游擊隊的戰鬥打得很激烈，我們無法作為一個遊客去那裡。我知道我不能作為一個小說家過去，就去找一個和我有些聯繫的報紙編輯幫忙，讓他給我發一張報社的通行證前往該地區。此人本事很大，直接就給那個小城的市長和警察局長打電話，說我要來。

到達之後，我立刻去找市長和警察局長，和他們握手，免得日後走在街上被他們給抓住。事實上，一些不知道我在這裡的員警還真的在街上攔過我，將我帶走，或許是要虐待我。我馬上給出了一些人的名字——我認識市長，也認識警察局長……但我是一可疑人物。土耳其理論上是自由國家，可是直到一九九九年之前，任何外國人都可能遭到懷疑。但願現在的情況好一些了。

書中的很多人物是根據真人改編，很多地方也真實存在。例如，發行量兩百五十二份的本地報紙就是真的。我帶著照相機和攝影機到了卡爾斯，見什麼拍什麼，後來回到伊斯坦堡，拿出來給朋友看，大家都覺得我有點瘋狂。另外還發生了一些事，就像我描述的卡和小報編輯的談話，編輯把卡前日所為悉數告訴他，卡問編輯是怎麼知道的，編輯說是聽員警的對講機聽來的。這是真的，他們也一直在跟蹤我。

當地電視台主持人讓我上了電視，說，我們這位著名作家要給全國大報寫篇文章，這可是件大事。當時鎮上的選舉很快就要到了，所以卡爾斯人們都對我開放門戶。他們都想向全國大報說點什麼，想讓政府瞭解他們的貧困。他們不知道我會把他們寫進小說裡。他們以為我會把他們寫到文章裡。我得承認，這麼做我是有點見利忘義、有點殘酷了，不過我確實也想過寫篇文章的。

四年裡我往返多次，這裡有個小咖啡店，我偶爾光顧，在裡面寫作、記筆記。我還帶了一個攝影師朋友一起到卡爾斯來，因為這裡下雪的時候很漂亮。在我寫筆記的時候，這位攝影師朋友聽到人們在議論說，他到底寫的是什麼文章啊？都三年了，寫本小說都夠了——他們把我給琢磨出來了。

評：這本書的反應怎樣？

帕：在土耳其，無論保守派（或政治伊斯蘭教徒）和世俗派都感到不滿。倒不至於禁止這本書，或是傷害我本人。但他們感到失望，他們在全國性日報裡寫評論。世俗派感到失望，因為我寫道，在土耳其做世俗的激進者，代價是你會忘記做民主派的使命。土耳其世俗派的勢力來自軍方，這一勢力破壞了土耳其的民主，破壞了寬容文化。一旦軍隊介入到政治文化當中，人們就開始失去自信，依靠軍隊來解決所有問題。大家通常會說，這個國家及其經濟一團糟，我們找軍隊來收拾一下吧。可是他們在收拾的時候，他們也破壞了寬容的文化。很多嫌疑人被折磨，十萬人被抓進了監獄，這就給新的軍事政變鋪平了道路。這新的政變十年一個輪迴。我為此批評世俗派。他們也不喜歡我把伊斯蘭教徒當成普通人來描寫。

政治伊斯蘭教徒也感到失望，因為我寫到了伊斯蘭教徒的婚前性行為。就是這些簡單的事情惹火他們的。伊斯蘭教徒總是懷疑我，因為我不是來自於他們的文化，另外我的語言、態度，甚至手勢，都像一個更西化、更有特權的人。他們也有自己的代表問題。他們會問，他怎麼可能這麼寫我們？他根本不瞭解。這個我也寫進了小說。

但我不想誇大。我活得好好的。他們都看這部小說。他們可能會憤怒，但是他們原原本本地接受了我，也接受了我的書，這說明人們的心態越來越自由化。卡爾斯的人們反應也千差萬別。有的人說，是的，就是這樣子。其他人，通常是土耳其民族主義份子，在我提到亞美尼亞人的時候比較緊張。例如那位電視主持人，將我的書裝在一個象徵性的黑色袋子裡郵寄給我，並在一次記者會上說我是為亞美尼亞人宣傳。當然，這個指控很荒謬。我們的文化實在有點太狹隘、太民族主義了。

評：這本書有沒有鬧得沸沸揚揚，如同魯西迪的遭遇那樣？
帕：沒有，根本沒有。

評：這是一本叫人感到鬱悶、很悲觀的書。這個小說中，唯一能聽取各方說法的人，卡，最後卻被所有人瞧不起。
帕：或許是我將自己在土耳其當小說家的處境戲劇化了。卡知道自己在土耳其被人鄙視，但還是喜歡和所有人談話。他還有很強的生存本能。卡被人瞧不起，是因為大家認為他是一名西方間諜。也常有人這麼說我的。
關於小說的鬱悶性，這個我認同。不過幽默是種出路。每當有人

說這小說讓人鬱悶，我就問他們，小說寫得好不好玩？我想，小說中有不少幽默的成分，至少這是我的初衷。

評：你寫小說寫出了麻煩，這麻煩日後沒準還有。寫小說也切斷了你的一些感情鏈，這個代價可不小。

帕：是的，但這是一件美妙的事情。如果我出去旅行，而不是坐在自己桌子前，過一段時間我就會感到沮喪。獨自一人在房間裡創作的時候，我就感到開心。我是忠於藝術、忠於技藝的，可是還不止這些，我喜歡在一個房間裡獨處。我繼續保持這個儀式，相信我寫的總有一天會發表，讓我的白日夢不白作。我得長時間一個人待在桌子前面，有好的紙張和鋼筆，這就像病人必須有藥吃一樣。我對這些儀式很在乎。

評：你是為誰而寫呢？

帕：人生總是越來越短，也就更常想到這個問題。我寫了七部小說。我希望在有生之年再寫七部。不過還是那句話，人生苦短。要不要多享受一點呢？有時候我寫得也很費勁，得逼自己寫。為什麼要這麼做呢？這一切有什麼意義呢？首先，如我剛才說的，獨處一室是種本能。再者，我還有那種少年式的爭強好勝，總想著再出一本好書。我越來越不相信作家能夠不朽。兩百年前寫的書今日還被人讀的已經很少。如今世界變化太快，現今的書，或許過個一百年就被人忘了。很少有幾本書還會有人去讀。再過兩百年，或許今日所寫的書還有五本能存在於世。我的書會不會在這五本之列，我說不準。可是這是不是寫作的意義之所在？我為什麼要去操心兩百年後有沒有人看我的書呢？我要不要操心如何

長壽一點呢？要是知道日後還有人看我的書，我會不會有所安慰呢？這些問題我都有考慮，但還是繼續地寫。我也不知道，不過我就是不肯放棄。想到以後還有人看自己的書，就是人生的一大安慰、一大快事。

評：你在土耳其是暢銷作家，不過你的作品在土耳其的銷量反倒不及國外。你的作品已被翻譯成四十種文字。你如今在寫作的時候，有沒有考慮到更廣泛的全球讀者群？你現在是不是在為一個不同的讀者群寫作呢？

帕：我知道我的讀者已經不限於國內。可是即便是在剛走上寫作之路的時候，我可能就已經考慮更廣泛的讀者群了。我的父親過去常在私底下說他認識的一些土耳其作家「只是寫給土耳其讀者看的」。

對自己的讀者群有所意識是個問題，不管這讀者群是國內還是國際的，這個問題我現在已經無法迴避。我最後兩本書在全世界的讀者平均有五十萬，我無法否認他們的存在。可是另一方面，我從來不覺得我應該去取悅他們。我相信，如果我試圖取悅讀者，他們會感受到。從一開始，我就下了決心，要是我感覺到讀者在期待什麼，那我就一定要繞開。即便句子結構上我都這樣——我讓讀者有所期待，然後讓他吃驚。或許正因為這個原因，我喜歡寫長句子。

評：對於大多數非土耳其讀者來說，你寫作的獨創性在很大程度上是和土耳其的背景有關。你在土耳其，是如何讓你的作品脫穎而出的？

帕：這就是布魯姆（Harold Bloom）所說的「影響的焦慮」問題。和所有作家一樣，我年輕的時候有過這種焦慮。三十出頭的時候，我經常在想，我或許受托爾斯泰和湯瑪斯‧曼影響太大了。我希望在我的第一部小說裡，呈現出這種溫和的貴族式文風。可是我最終意識到，我在技巧上平庸了些。但我畢竟是在世界上的這個地方寫作，離歐洲很遙遠──至少當時看來。在這種不同的文化和歷史氛圍裡，吸引不同讀者，我想這個事實本身，就能讓我有獨創性，哪怕這獨創性是通過一種廉價方式得來的。可是這麼做也不容易，因為這些技巧不大容易翻譯，也不大容易傳播。獨創的公式很簡單，就是將原本無關的兩件事物擺到一起。如《伊斯坦堡》，這是一篇散文，寫的是這個城市和一些外國作家──福樓拜、內瓦爾（Nerval）、高替耶（Gautier）對這個城市的看法，其看法又是如何影響土耳其的某個作家群體。將這個再造伊斯坦堡浪漫風情的文章，和自傳結合起來，這是他人沒有做過的。冒點險，你就會有新發現。我試著讓《伊斯坦堡》具有獨創性，我也不知道會不會成功。《黑書》也像這樣，將一個懷舊、普魯斯特式的世界和伊斯蘭的寓言、故事、機巧結合起來，然後一起放在伊斯坦堡的背景下，看會有什麼結果。

評：《伊斯坦堡》讓人感覺你像是一名孤獨者。在如今的現代土耳其，你作為一個作家確實是孤獨的。在你的成長過程中和如今的生活裡，你似乎一直游離在自己所處的世界之外。

帕：我成長在一個大家庭，而且我的教育讓我重視群體，可是後來我有了一種脫離群體的衝動。我有自我毀滅的一面，有時候我會大發雷霆，做出些不當的事情，以至於和群體割裂開，無法與

其和諧相處。早年，我就意識到群體會扼殺我的想像力。我需要孤獨的痛苦來激發想像力，此後我才會快樂。但身為土耳其人，過了一陣子之後，我會需要群體的那種撫慰的溫情，而我或許已經破壞了這些。《伊斯坦堡》破壞了我和母親之間的關係——我們現在都不見面了。當然我也很少見到我哥哥。由於我最近的一些評論，我和土耳其大眾的關係也很緊張。

評：你覺得自己是不是很土耳其化呢？

帕：首先，我生來就是土耳其人，我為此感到高興。在國際上，人們比我自己更認同我的土耳其身分。我是以一個土耳其作家的身分為世人所知的。普魯斯特寫愛的時候，人們認為他寫的是博愛。我寫愛的時候，尤其是一開始，人們總以為我寫的是土耳其式的愛。我的作品開始譯成其他文字的時候，土耳其人為此感到自豪。他們把我當成自己的作家，我對他們來說更是一個土耳其人。等到開始享有國際知名度，你這土耳其屬性也就更被國際強調了，接著這土耳其屬性更被土耳其人自己強調，土耳其人等於重新認同你了。你的民族屬性意識就開始被人利用、被人操弄。現在他們關心的是我在國際上如何代表土耳其，而非我的藝術。這在我的國家引發了越來越多的問題。很多人沒有讀過我的書，只是通過大眾媒體看到一些東西，卻開始擔心我會如何跟外界講述土耳其。文學總是有好有壞，有魔鬼也有天使，大家現在越來越擔心我作品裡的魔鬼了。（方柏林／譯）

（原載《巴黎評論》第一七五期，二〇〇五年秋／冬號）

1 二〇〇六年一月二十二日，土耳其司法部駁回此項指控，故指控撤銷。

史蒂芬・金
Stephen King

moment there, grappling with that screaming, twenty kid, trying to get the muzzle of his .45 socket into the cup of the kid's ear, it had almost felt like the old days, when the thing had been more than just an empty ritual, when it had been—

"Ron?" It was Johnny Spink again. He was looking at Darling anxiously.

"What?" he asked, annoyed. It was hard enough to think about these things at all without being jerked rudely out of your own head every ten seconds.

"It's Harry," Johnny said. "Something's wrong with Harry Drake."

* * *

Marsha:
(New doc. starts here)

Chapter 3

Last night I dreamt I went to Manderley again. If this is any more beautiful and haunting first line in English fiction, then I have never read it. And it was a line I had come to think of a lot during the winter of 1997 and the spring of 1998. I didn't dream of Manderley, of course, but of Sarah Laughs, a lodge so far up in the western Maine woods that it's not really even in a town at all, but in an unincorporated area designated as TR-90 on the maps.

The last of these dreams was a nightmare, but until that one, they had a kind of surreal simplicity. You know how the air feels before a thunderstorm, how everything gets still and colors seem to stand out with the brilliance of things seen during a high fever? My winter dreams of Sarah Laughs were like that, and I would awake from them with a feeling that was not quite fear. I have dreamed again of Manderley, I would think sometimes, and sometimes I would awake thinking that Rebecca deWinter hadn't drowned in the ocean but in the lake — Dark Score Lake. That she had gone down while the loons cried out in the twilight. Sometimes after these dreams I would get up and drink a glass of water. Sometimes I just rolled

史蒂芬・金的一頁手稿。

對史蒂芬・金的採訪始於二○○一年夏天，當時距離他在緬因州洛威爾中心區（Center Lovell, Maine）自己家附近散步時被小貨車撞倒的車禍事故已過去了近兩年。他很幸運地活了下來，但車禍造成他頭皮撕裂、右肺衰竭、右腿和右臀多處骨折。事故後的初步手術將六磅金屬植入他體內。就在金接受《巴黎評論》訪問前不久，這些金屬才被取出。這位作家至今仍然時時遭受著疼痛的折磨。「整形醫生發現好多肌肉組織發炎、壞死，一團糟。」金說，「關節位置液囊突出，像小眼睛一樣。」採訪在波士頓進行，金本人是紅襪隊的忠實粉絲，他為了看自己支持的球隊參加奪標賽，暫住波士頓。雖然他身體仍很虛弱，卻已重新開始每天寫作，晚上他會帶著手稿去芬威球場，利用攻守交換以及換投時校稿子。

　　採訪的第二部分是今年早些時候到金在佛州的冬季寓所完成的，他住的地方碰巧距離紅襪隊在邁爾斯堡的春季訓練營地很近，開車去很方便。他的房子坐落在一片沙地半島的盡頭，天花板很高，呈拱形，這麼看起來房子很像是一艘倒扣過來的帆船。那是個炎熱的夏日早晨，金穿著藍牛仔褲和白球鞋，還有一件Tabasco牌辣椒醬的廣告衫，坐在門前台階上看當地的報紙。就在前一天，這份報紙把他的住址刊登在商務版上，整整一上午，不停地有他的粉絲開著車過來，看看這位世界聞名的大作家。「人們都忘了，」他說，「我也是個凡人。」

　　金出生於一九四七年九月二十一日，出生地是緬因州波特蘭市。金很小的時候，父親就拋棄家庭出走，母親搬來搬去換了許多地方，最後還是回緬因州安頓下來，這次是在內地小城達蘭（Durham）。金的第一篇小說《我是少年盜墓者》於一九六五

年發表在名叫《漫畫評論》的專刊雜誌上。大約同時，他得到獎學金去奧羅諾的緬因州立大學讀書。讀大學期間，他遇到了後來的太太塔碧莎（Tabitha）。塔碧莎也是位小說家，兩人育有三個孩子，婚姻至今仍然穩固。婚後幾年間，他依靠在洗衣店洗汽車旅館床單、當高中英語教師以及偶爾在男性雜誌上發表短篇小說的稿費勉強度日，養家餬口。直到一九七三年，他售出了小說《魔女嘉莉》的版權。這本小說立刻大獲成功。從那時算起，金的作品已經售出了三億本以上。

金寫了四十三本長篇小說，還有八本短篇小說集、十一個劇本，以及兩本論寫作的書，同時，他還與奧南（Stewart O'Nan）合著了一本《忠實》，以日誌的形式記錄紅襪隊二〇〇四年奪冠賽季的活動。他所有的長篇小說以及大多數的短篇小說都被改編成了影視作品。雖然在他的創作生涯中時時遭遇評論家冷言相譏，比如《紐約時報》一篇評論金的作品「看似引人入勝，其實荒誕不經，一味嘩眾取寵而已。」但他的作品近年來贏得了相當多的讚譽，二〇〇三年他獲得了美國國家圖書獎基金會頒發的「美國文學傑出貢獻」獎章。金還因為努力支援和推廣其他作家的作品而廣受好評。一九九七年他獲得了《詩人與作家》雜誌頒發的「作家為作家大獎」，最近他又被選中擔任二〇〇七年度《美國最佳短篇小說選》的主編。

金為人殷勤得體、幽默風趣、態度誠懇、講話坦誠熱情，還是個慷慨待客的好主人。採訪進行到一半，他端來了午餐，有烤雞（他隨即拿出一把嚇人的利刃對其一通猛砍）、馬鈴薯沙拉、涼拌包心菜、通心粉沙拉，還有甜品是佛島酸橙派。問到他現在在寫什麼時，金站起身，帶我走到他家門口的海灘上。他解釋說

這片半島的盡頭原本還有兩幢房子，其中一幢五年前在暴風雨中倒塌了，到現在，漲潮的時候還會有牆皮、傢俱以及私人物品沖到岸上來。金的下一部小說就以另外那幢房子為主要場景。那房子還在，但早已棄置，無疑一定鬧鬼。

——克里斯多夫·雷曼豪普特（Christopher Lehmann-Haupt）、
納旦尼爾·里奇（Nathaniel Rich），二〇〇六年

《巴黎評論》（以下簡稱「評」）：你是幾歲開始寫作的？

史蒂芬・金（以下簡稱「金」）：你或許不信，我大約六、七歲就開始寫了，我把漫畫書裡的畫面描下來，然後自己編故事。我記得我因為扁桃腺炎臥病在床不能上學，於是就寫故事打發時間。電影也有很大影響。我從一開始就熱愛電影。我還記得母親帶我去廣播城音樂廳看《小鹿斑比》。哇賽，那地方真大，還有電影裡的叢林大火讓我印象非常深刻。因此，我一開始寫作，就有種傾向，寫得很形象化，因為在那時候那就是我瞭解的一切。

評：你是從什麼時候開始閱讀成人小說的呢？

金：大概一九五九年吧，我們搬回緬因州以後。我應該有十二歲了，當時的學校跟我家在同一條街道上，離得很近，學校只有一間教室，所有年級都在那一間教室上課，廁所在教室後面，臭得要死。鎮上沒有圖書館，但州政府每星期會派一輛很大的綠色貨車開進來，叫圖書車。你可以從圖書車上借三本書，他們才不管你借的是三本什麼書——你不一定非拿少兒讀物。在那以前我讀的都是《南茜・茱兒》、《哈迪男孩》之類的。一開始我挑的是麥可班恩（Ed McBain）的「87 區小說系列」。我讀的第一本裡面，員警來到一間出租公寓找一個女人問話，女人穿著睡裙站在那裡。員警讓她穿上衣服，她隔著睡衣抓起自己的乳房朝著員警擠弄，說：「看個夠吧你就！」我衝口而出，靠！我腦袋裡立刻一陣閃光。我想，這太真了，真有可能發生這樣的事。我的「哈迪男孩時代」就此宣告終結。這也是我一切青少年小說時代的終結。就好比是，拜拜了您哪。

評：但你並不是完全只讀通俗小說？

金：我不知道什麼是通俗小說，那時候也沒人告訴我。我讀了很多書，各種類型都有。我這個星期讀《野性的呼喚》和《海狼》，下星期讀《冷暖人間》，再下個星期又讀《穿灰色法蘭絨套裝的人》。我是想到什麼讀什麼，拿到什麼讀什麼。當初我讀《海狼》的時候，並不理解那是傑克‧倫敦對尼采的解讀和批判；我讀《麥克悌格》的時候，也不知道這就是自然主義，不理解諾里斯（Frank Norris）言下之意其實是說，你永遠贏不了，體制總是會擊敗你。但從另外一個層面上講，我確實理解到了這層意思。當我讀《黛絲姑娘》的時候，我明白了兩件事：第一，如果那傢伙搞她的時候她沒醒過來，那她肯定是真的睡著了；還有第二，那時候女人的日子真是不好過。那是我讀女性文學的入門作品。我愛極了那本書，所以我讀了一大堆哈代的小說。但是讀到《無名的裘德》我就打住了，我的哈代時期就此終結。我當時想，媽的，這太荒唐了。誰的生活也不會淪落到這種地步，得了吧。你明白我意思？

評：在《史蒂芬金談寫作》裡，你曾經提到過你的第一本長篇小說《魔女嘉莉》的點子是怎麼來的，說你將兩種毫不相關的題材聯繫起來：殘酷青春加上念動力。像這種出人意料的聯想是否經常是你作品的起點呢？

金：對，經常是這樣。當我寫《狂犬庫丘》的時候——關於一條狂犬的故事——我的摩托車出了點問題，我聽說有個地方能修理。我們當時住在緬因州的布里奇頓（Bridgton），是個度假勝地類型的小鎮，在緬因州西面，位於湖邊，但是布里奇頓再往北

就是真正的荒野鄉村，住著很多農民，很老派地自顧自過日子。那個修車師傅有座農莊，馬路對面還開著舖子賣汽車。於是我把摩托車弄了過去，車進了院子就徹底熄火了。接著，我這輩子見過的最大的聖伯納犬從車庫裡出來，朝我過來了。

那種狗本來長得就嚇人，尤其是夏天。牠們耷拉著下巴，眼睛水汪汪的，看起來就好像生病了似的。那狗衝著我叫，喉嚨深處發出低吼：汪……喔。那時候我體重大約有二百二十磅，所以我比那條狗大概重個十磅左右。修車師傅從車庫裡走出來，對我說，哦，這是博賽什麼的，我沒記住那狗的名字，反正不是古卓。他說，別害怕，牠對誰都這樣。於是我朝那狗伸出手去，那狗衝著我的手要咬。那哥兒們手裡拿著柄管鉗，直接朝那狗屁股來了一下，那可是柄鐵鉗。打上去聲音就像是用拍子拍地毯一樣。那狗只是嗚咽一聲，坐了下去。哥兒們對我說，博賽一般不這樣，牠大概不喜歡你這副尊容什麼的；馬上就成了我的錯兒。

我記得自己當時很害怕，因為根本沒地方躲。我騎著摩托車，但車熄火了，我肯定跑不過那條狗。如果那哥兒們沒提著管鉗出來，那狗又決定出擊……但那還不算個故事，頂多是有了點想法。幾個星期之後，我想到了我們家那部福特小汽車。那是我們買的第一部新車，用雙日公司（Doubleday）給的《魔女嘉莉》二千五百塊預付金買的。剛買回來那車就有問題，化油器裡的針閥有毛病，針閥動不動卡住，化油器滿溢，車就發動不起來。我很擔心老婆開著那車會拋錨，我想，如果她像我騎著摩托車一樣，開著車去修理，那針閥又卡住了，車發動不起來可怎麼辦？

——如果那狗不光是脾氣壞，真是條瘋狗可怎麼辦？

然後我又想，也許是狂犬病呢。這時候我腦子裡才真正有靈感爆

發的感覺。有了這些想法之後，漸漸地故事的枝枝蔓蔓出來了。你自問，為什麼沒人來救她呢？那裡有人住，是座農莊。人都哪兒去了？回答是，我不知道，故事就在這裡。她丈夫哪兒去了？為什麼丈夫不來救她？我不知道，這也是故事要講的。如果她被狗咬了會怎麼樣？這也會是故事的一部分。如果她也狂犬病發作呢？這本書寫了七、八十頁之後，我發現狂犬病的潛伏期太長，因此她染上狂犬病然後發作的因素就不適用了。這是現實世界侵入小說的一個例子。但事情總是這樣，你看到某一件事，然後與別的什麼「卡嗒」契合在一起，就成了小說。但你永遠不知道這種事何時會發生。

評：除了個人經歷之外，你的寫作素材還來自哪些地方？
金：有時出自別人的作品。幾年前，我聽一本有聲讀物的磁帶，是托蘭（John Toland）寫的，叫《迪林傑的日子》。其中一個故事說的是迪林傑，和他的朋友米特還有漢密爾頓逃離小波希米亞，他們渡過密西西比河以後，漢密爾頓被員警從背後一槍擊中。接下來還發生了很多事，但托蘭並沒有講明白。我想，我不需要托蘭告訴我到底發生了什麼事，我也不需要實事求是地寫故事。這些人已經名正言順地成了美國傳奇的一部分，我要自己編，於是我寫了個短篇，叫《傑克·漢密爾頓之死》。
有時候我會利用電影裡的故事。在「黑塔」七本系列小說之一《卡拉之狼》裡，我決定試試看能不能重講黑澤明的電影《七武士》和好萊塢翻拍的《七俠蕩寇志》的故事。當然，這兩部電影講的是同一個故事，說的是一幫農民雇了槍手來保衛莊園抵禦賊人攻擊，那些賊一直來偷他們的莊稼。但我想玩得再大點，再狠點，

於是在我的故事裡，賊偷的不是莊稼，而是孩子。

評：現實世界侵入小說的時候你怎麼辦，比如像《狂犬驚魂》中你提到狂犬病潛伏期的問題，你怎麼處理？

金：永遠不能為了故事方便去歪曲現實。當你發現類似情況的時候，得調整故事，讓它符合現實。

評：《狂犬驚魂》是部很特別的小說，通篇只有一章。你是一開始就計畫這麼寫的嗎？

金：不，《狂犬驚魂》寫的時候是部很標準的長篇，章節分明。但我記得當時有個想法，希望這本書像塊磚頭破窗而入，劈頭朝你砸過來。我一向希望自己寫的書能有這種效果，而且，或許是我妄自尊大，自以為是，但我認為每個小說家都應該這麼做，要讓小說有人身攻擊的效果，就像有人從餐桌對面直衝過來，一把抓住你，兜頭潑你個正著。直取面門。應該讓你難受，驚到你、嚇到你。而且不僅僅是讓你噁心難過。我的意思是說，如果有人寄來一封信說，我都吃不下飯了，我的態度就是：那太棒了！

評：你認為我們害怕的是什麼？

金：從某種層面來說，我覺得我什麼都怕。但如果你問的是，身為人類，我們在害怕什麼，那麼我說是混亂和入侵者。我們害怕改變。我們怕一切分崩離析、方寸大亂。這就是我感興趣的東西。我是說，有許多人的作品我都很喜歡，其中之一是美國詩人布思（Philip Booth），他寫的都是些平凡生活的點滴，但我卻做不到這樣。

我曾經寫過一個短篇小說，名叫《迷霧》，說的是迷霧升起，將一座小鎮籠罩其中，一群人被迷霧阻擋，困在一間超市裡。有個女人拿著一盒蘑菇在收銀台前排隊，當她走到窗口去看大霧瀰漫，超市經理就把她的蘑菇拿走了；她對經理說：「把蘑菇還給我。」

我們害怕世界亂了方寸。我們害怕在收銀台排隊的時候有人偷走我們的蘑菇。

評：你認為這種恐懼是你小說的主要題材嗎？

金：我認為我寫的東西就好像是鏡子上的一道裂痕。回顧我的寫作，從《魔女嘉莉》至今，你會發現，我寫的都是活在那本書所寫具體年代的一般美國中產階級日常生活。每個人生活中都會遇到一些不可理喻的事必須得應付，要麼是醫生說你得了癌症，要麼是有人搞鬼打電話給你惡作劇。所以說，不論你要講的是幽靈也好，吸血鬼也罷，或是社區裡住著個納粹戰犯，我們說的仍然是同一件事，就是異常情況侵入日常生活，還有我們如何應對。我們在這種情況下所展露出的性格，還有我們與他人以及我們生活的社會之間的交流和互動，正是我的興趣所在，遠比怪獸、吸血鬼、幽靈和食屍鬼讓我來勁。

評：《史蒂芬金談寫作》書中，你是這樣定義通俗小說的：讀者可以在其中瞥見自己經歷的某些個人經驗——行事、地點、人際關係、對話。在你的作品中，你會不會有意識地要重現某個具體的時刻？

金：不會，但我也沒有刻意避免。比如《手機》，故事點子是這

麼來的：我從紐約的一間旅館出來，看見一個女人拿著手機在講電話。我想，如果她從手機上收到一個簡訊，就此不能自已，開始動手殺人，直到有人殺死她為止，那會怎樣？各種可能性、各種枝蔓發展開始在我腦海中像乒乓球一樣跳上跳下。如果人人都收到同樣的簡訊，那麼有手機的人就都發瘋了。正常人看到這情況，做的頭一件事就是掏出手機給親朋好友打電話，那樣的話這傳染病就會像毒藤一樣蔓延開來。後來，我走在大街上，看到一個傢伙在自言自語，大聲嚷嚷，明顯是個瘋子。我特意繞到對街躲開他。可那不是個流浪漢，他穿著一身西裝。然後我才發現他戴著耳機，是在講手機。我心想，我必須得寫這麼個故事。

那是個一瞬間冒出的想法。後來我讀了好多關於手機行業的資料，開始關注手機信號基地台。因此這是本題材很入時的書，但仍然是出自對我們當今交談方式的擔憂。

評：因為《手機》題材入時，你會不會認為，也許十年之後，這書就會過時了？

金：也許會。我敢說有些別的書，比如《燃燒的凝視》，今天看來已經很落伍了。但我不擔心這點。我只希望故事和人物能出眾。況且哪怕是過時的舊東西，也有一定價值。

評：你有沒有想過你的哪些書能流傳下去？

金：這是碰運氣的事。你永遠不知道五十年後誰會受歡迎，從文學意義上講誰勝出誰出局。如果一定要我來預測一百年以後，假如人們還會讀我的書，他們會讀其中哪些，我首先會猜《末日逼近》和《鬼店》。還有《撒冷鎮》——因為人們喜歡吸血鬼故事，

而這本書的前提背景是那些經典的吸血鬼。這故事沒什麼特別的深意，不花稍，只是單純的嚇人，因此我認為人們會拿來看一看。

評：當你回顧自己從前寫的書，會不會給它們歸類？

金：我寫的書分為兩種。我把《末日逼近》、《絕望生機》，還有「黑塔系列」歸為外向型的書。像《寵物墳場》、《戰慄遊戲》、《鬼店》和《桃樂絲的祕密》，歸到內向型的書。我的讀者要麼喜歡外向型的書，要麼喜歡內向型的，他們不會兩種都喜歡。

評：但即便描寫超自然力量的書，恐怖也來自心理，對不對？絕不僅僅是有妖怪從角落裡跳出來而已。這樣算來，為什麼不把它們都歸類為內向型呢？

金：這個……我的歸類是針對人物的，包括出場人物的數量。內向型的書一般圍繞著一個人物，越來越深入他的內心。比如我的新小說《莉西的故事》就是本內向型的書，因為小說很長，但裡面只有寥寥幾個人物；但是像《手機》就是本外向的書，人物眾多，說的是友情，應該算是本公路小說。《傑羅德遊戲》是所有內向書裡最內向的一本，裡面只有一個人物，潔絲，被赤身裸體銬在床上。每件最小的東西都被放得很大——一杯水，還有她竭力想把床上方的架子弄歪一點，好借機逃命。我記得寫那本書時，設想潔絲念書的時候大概是個體操高手，結尾的時候她只要把雙腳舉過頭頂，伸到床頭上方，卷起身體，然後立起來。寫了大約四十頁之後，我對自己說，最好看看這是不是行得通。於是我找來了我兒子——我想是喬，因為他是兩個男孩中柔韌性較好的一個。我把他叫到我們的臥室，用絲巾把他捆在床柱上。我老

婆進來問我，你做什麼呢？我說，我只是做個試驗，沒什麼。喬試著照我說的做，但是做不到。他說，我的關節沒法那麼做。於是又一次出現了我前面說的《狂犬驚魂》裡狂犬病的情況。我心想，見鬼了！這可行不通！到了這種地步，你唯一能做的是，好吧，我可以把她寫成關節超靈活。然後你就會說，行啊，好吧，認了。

《戰慄遊戲》裡只有兩個人物在一間臥室裡，但《傑羅德遊戲》更上一層——只有一個人物在臥室裡。我曾經想，最終我會再寫一本書，就叫《臥室》，裡面根本沒有人。

評：馬克・辛格（Mark Singer）在《紐約客》裡寫道，《狂犬驚魂》、《寵物墳場》和《傑羅德遊戲》使你失去了部分讀者，因為這幾部小說太痛苦，讀者受不了。你認為真是這樣嗎？

金：我想我在不同階段都曾失去過一些讀者。這只是一種自然的消耗過程，僅此而已。人們不斷向前，發現新東西。我想我作為作家這些年來也變了不少，我不能繼續提供跟《撒冷鎮》、《鬼店》甚至《末日逼近》完全一個水準的消遣娛樂。世上有些人寧可我在一九七八年就死去，這些人會走到我面前說，唉，你後來寫的書都比不過《末日逼近》。通常我會回答他們，聽到人家對你說你最傑出的作品是二十八年前寫的，這話實在讓人沮喪。很可能狄倫也常聽到對於《金髮佳人》₂的同樣論調。但作為作家，你總是要盡力成長，而不僅僅總是一遍又一遍做同樣的事，因為那麼做毫無意義。

而且失去部分書迷在我也不成問題。這話聽起來是妄自尊大，但我不是這個意思。即便失去一半的書迷，我仍然能過得很舒適。

我向來是自由發展，走自己的路，這一點很棒。我也許失去了一些粉絲，但也許我又贏得了一些讀者。

評：你寫了很多關於孩子的書，這是為什麼？

金：有幾方面的原因。我很幸運，很年輕的時候作品就得以出售，而且我結婚早，生孩子也比較早。娜奧美生於一九七一年，喬是一九七二年生的，歐文是一九七七年——六年裡生了三個孩子。因此，當我的許多同齡人在外面隨著凱西與陽光合唱團 3 的音樂跳舞時，我卻有機會觀察我的孩子的成長過程。我覺得這挺值得，帶孩子比七〇年代的流行文化強多了。

所以說我不瞭解凱西與陽光合唱團，但對於自己的孩子，我卻是知道得一清二楚。所有你可能會經歷的憤怒和疲憊我都經歷過。這些都寫進了書裡，因為那是當時我所瞭解的東西。最近出現在我書中的內容是痛苦和受傷的人，因為這是眼下我瞭解的內容。也許十年之後會有不同的主題出現，如果我還在的話。

評：在《寵物墳場》裡，小孩子遭遇到了不幸，這是出自何處？

金：那本書很個人化，裡面的每一件事——一直到小男孩在馬路中間被撞死為止，都是真實的。我們搬進一幢路邊的房子，地方在奧靈頓（Orrington）而不是魯德洛（Ludlow），但的確有大卡車時常開過，馬路對面的老先生確實曾提醒過我，說過馬路的時候你得留心那些大傢伙。我們的確曾去田野裡遊玩。我們放過風箏。我們的確曾上山去看過寵物墳場。我也確實曾在馬路中間找到了女兒的寵物貓斯莫基被車撞死的屍體，我們把它埋在了寵物墳場裡。埋葬它之後的當天晚上，我的確聽到娜奧美跑到車庫

裡哭叫。我聽到了好多聲音——她在一堆包裝盒上跳上跳下，一邊哭一邊說，把我的貓還給我！上帝想要貓自己養去！我立刻把這些原話扔進了書裡。而歐文的確曾經直往馬路衝去。他那時候還很小，也許才兩歲。我大叫：別過去！當然，他跑得更快，還一邊嘻哈笑著；他們這個年紀就是這樣。我追上去飛身捉住他，將他拉到了路肩，這時一部卡車疾馳而過。於是這些也都寫進了書裡。

然後你就想，必須再向前一步。如果你要以哀悼過程為主題——失去孩子怎麼辦——你就得從頭到尾走一遍。於是我這麼做了。我很為之自豪，因為我做到了，堅持到底，但結局太殘酷、太糟糕了。我是說，在這本書的最後，任何人都毫無希望。通常我會把我的初稿拿給我老婆塔碧先讀，但這本書我沒給她看。寫完之後我就把它放進書桌抽屜裡不管了。接著我寫了《克麗斯汀》，那本書我更喜歡，出版在《寵物墳場》之前。

評：《鬼店》也是以個人經歷為基礎的嗎？你住過那家酒店嗎？

金：住過，科羅拉多州埃斯蒂斯派克（Estes Park）的斯坦利酒店。我和老婆十月份上山去的。那是他們當季的最後一個週末，所以酒店基本上全空了。他們問我能否付現金結賬，因為他們要把刷卡機帶走，拿到丹佛去。路過第一個寫著「十一月一日之後可能會封路」的標牌時，我心想，天哪，這上頭絕對有故事。

評：你覺得庫伯力克改編的電影怎麼樣？

金：太冷酷。他完全沒有體現劇中家人之間的情感因素。我認為杜瓦爾（Shelley Duvall）演的溫蒂簡直是對女性的侮辱。基本

上她就是個尖叫機器，絲毫看不出任何她參與家庭交流互動的痕跡。庫伯力克似乎完全沒意識到，劇中尼科爾森呈現的角色跟他此前在一系列摩托騎士影片裡的完全一樣，仍然是一個精神病摩托車手的形象——與他在《地獄飆車天使》、《野騎》、《驚醒者的反叛》和《逍遙騎士》這些片中的形象毫無二致。那傢伙是個瘋子。如果那傢伙去應聘這份工作的時候就已經瘋了，那麼悲劇何來？不，我討厭庫伯力克導演的作品。

評：你參與電影的創作了嗎？

金：沒有。我為《鬼店》寫的劇本成了後來拍攝的電視連續劇的基礎素材。但我疑心庫伯力克在拍攝電影之前根本看都沒看過。他知道自己想要個什麼樣的故事，他雇用了小說家詹森（Diane Johnson），在他想要強調的東西的基礎上另寫了一個劇本。後來他又親自重寫了一遍。我是真的很失望。

電影看起來顯然很美：場景美輪美奐，用穩定架拍攝。我曾經管這片子叫「沒有引擎的凱迪拉克」。你只能把它當成一件雕塑品來欣賞，除此之外別無用處。它最初的目的已經被剔除了，那就是要講故事。只需比較結尾就能明白最重要的區別所在。小說快結尾的時候，托倫斯對兒子說他愛他，然後就在爆炸中與酒店同歸於盡，這是個充滿激情的高潮結尾。但在庫伯力克的電影裡，他是凍死的。

評：你早年的作品經常以爆炸結尾，方便你把幾條分散的情節線連在一起。但在最近的長篇和短篇小說裡，比如《驚魂子彈飛車》和《手機》，你似乎已經放棄了這種做法，你的結局留了許多懸

而未決的問題。

金：《手機》的結尾有挺大一場爆炸呢。但你說的對。我收到許多讀者憤怒的來信，他們想知道接下來發生了什麼。對此，我現在的答覆是，你們這幫哥兒們就像是《伴我同行》裡高迪給他們講了大屁仔參加吃餡餅大賽，以及孩子能做到的最厲害的報復故事之後，泰迪和威恩的反應一樣。泰迪說：「後來怎麼樣了？」高迪說：「什麼後來怎麼樣了？這就是結局。」泰迪又說：「你為什麼不接著編，說大屁仔開槍打死了他父親，然後跑到德克薩斯當了護林員？」高迪說：「哎，我不知道。」同樣，在《手機》中，結局就是結局。但是許多人就此事寫信給我，以致我不得不在自己的網站上寫道：「在我看來，顯然克雷的兒子強尼後來逃脫了困境。」事實上，我從來沒想過強尼結局會不好。

評：真的嗎？我倒拿不準那孩子結局一定會好。
金：真的，我真的相信是這樣，我靠，我就是個樂觀的人！

評：在你許多書的前言後記裡，你都邀請讀者給你回饋，這很不尋常，挺了不起的。你為什麼主動要求讀者寫更多的信給你呢？
金：對於讀者的看法我一直很感興趣，而且我發現，很多讀者想要參與到故事當中。對此我很歡迎，只要他們能理解，他們的想法不一定會改變我的思路。換句話說，我絕不會說，你瞧，我寫了個故事，故事是這樣的，現在大家來投票，你認為我這故事該怎麼結尾？

評：你寫作的時候對環境有什麼要求？

金：有張書桌和一把舒適的椅子就不錯，這樣你就不需要到處將就。還有光線要充足。你寫作的地方應該是一個避難所式的空間，一個可以讓你遠離塵囂的所在。環境越是封閉，就越容易迫使你回到自己的想像世界。我的意思是，如果我附近有窗戶，短時間內沒問題，但過不了多久，我就會留心看街上的美女，看人們上車下車，注意力轉移到這些隨時都在發生的街邊小故事上頭：這個人要幹嘛？那邊在賣什麼東西？

我的書房基本上就是間工作室。我有套歸檔系統，很複雜、很規整。比如說我正在寫的一部小說，名叫《魔島》，我把相關資料集中歸檔，編上號碼，以確保我記得不同情節鏈的內容。我把人物的出生日期記下來，以此計算出他們在各個特定時間年齡有多大。記得在這個人的胸口加上一個玫瑰紋身，記得到二月底要給愛德格添一條工作用的長凳。因為如果我現在搞錯了某件事，過後修改起來會煩得要死。

評：你說到書房要感覺像一處避難所，可是，不是說你工作的時候喜歡聽很吵的音樂嗎？

金：現在不了。當我坐下來寫作時，我的工作是要讓故事向前發展。如果說寫作中也存在步伐節奏的話，如果說人們愛讀我寫的東西是因為故事節奏對點兒，那是因為他們能感覺到我目標明確，立志到達。我不喜歡到處閒逛，東瞅瞅西看看。過去我聽音樂是為了保持這種節奏。但那時候我年輕，坦白說，那時候我腦子比現在好使。現在我只有在一天工作結束的時候，一邊翻回頭看我這一天的工作，在螢幕上重讀我一天寫的稿子，才一邊聽音樂。很多時候這音樂搞得我老婆很抓狂，因為我總是一遍又一遍

史蒂芬・金 Stephen King

重複地放。我曾經有一張舞曲混音唱片，裡面就一首歌，是盧貝加的《第五號曼波》，唱起來是這樣：「一點點的莫尼卡，一點點的愛麗卡——迪嘎，迪嘎，迪嘎。」這是首歡快的、有點卡里普索風的歌曲。有一天，我老婆上樓來，說，史蒂芬，再放一遍……你就死定了！所以我不是真的在聽音樂——音樂只是作為背景而存在。

但我覺得空間還不是唯一的，我認為你要盡可能每天都工作，這很重要。

評：你今天上午寫了嗎？

金：我寫了四頁。就只有這麼多。過去我曾經每天寫兩千字，有時候還更多。但現在我一天只能寫出可憐巴巴的一千字。

評：你用電腦嗎？

金：用，但我偶爾會恢復手寫的習慣，比如《捕夢網》和《一袋白骨》，因為我想看看會發生什麼事。手寫確實有所不同。最重要一點是，它讓我速度減慢了，因為手寫比較費時。每當我開始手寫新東西，這上頭就會有個懶傢伙出來說，哎，咱非這麼幹不可嗎？我手指上還有上次手寫稿子留下的老繭沒褪呢。但這樣做使得改稿過程很愉快。在我看來，僅僅因為手寫不可能太快，所以我的初稿更規整乾淨了。用手寫你只能保持在一個相對較低的速度。這其中的不同就好比是駕著動力踏板車呼嘯而過與鄉間徒步健行的區別。

評：你完成初稿之後會怎麼辦？

金：最好給這東西至少六個星期的時間，讓它停下來，喘口氣。但我並非總能享有這樣的奢侈。對於《手機》我就沒有這樣的機會。出版商有兩本我的手稿，其一是《莉西的故事》，我很長一段時間沒幹別的，集中精力寫了這一本書；另外一本就是《手機》，這本書我構思的時間很久，突然它就自己跳將出來說：是時候了，必須現在就寫。出現這種情況的時候，你要麼立刻就寫出來，要麼就錯過了，所以說《手機》好比是我意外懷孕得子。

評：這麼說，你是在寫《莉西的故事》的間歇寫《手機》，對嗎？
金：有一段時間我是兩本書同時進行。《莉西的故事》初稿已經完成了，因此我晚上修改《莉西的故事》，白天寫《手機》。過去我喝酒的時候常這樣工作。白天寫新作品、新點子，一般是目標明確、一往無前，開弓沒有回頭箭。雖然經常帶著宿醉，但總是一路向前。晚上我會轉回頭去，修改稿子。這麼做很有趣，感覺棒極了，很長時間以來這麼做都行得通，但現在我無力繼續了。
我想先出版《莉西的故事》，但斯克里布納出版社的編輯摩爾多（Susan Moldow）希望《手機》先出版，她認為這本書會引起關注，有助於《莉西》的銷售。因此他們就把《手機》趕上了快速通道，所以我不得不立刻開始修改。如今的出版商會做許多這類的事，但對一本書來說，未必是件好事。

評：難道你不能拒絕他們嗎？
金：能，但在這件事具體上，他們這麼做是對的，結果也取得了巨大成功。《手機》是個特例。葛林曾經談到過作為小說的書和

史蒂芬・金 Stephen King

作為消遣的書，《手機》就是本消遣之作。我不想說我不在乎它，因為我在乎——在我名下發表的一切我都很在乎。如果你打算以此為業，如果有人付錢給你幹這差事，我想你就應該盡力而為做到最好。但是寫完《莉西的故事》之後，我給自己留了六個星期的時間。當你過了這麼長時間再回頭看一本小說，感覺就像是另外一個人寫的。彷彿它不是你的結髮伴侶，關係沒那麼緊密了。你會發現各種可怕的錯誤，但你也會發現一些片段，讓你覺得，上帝啊，寫得真棒！

評：你有沒有推倒重寫的經歷？

金：電腦改變了我的工作方式，其中一項就是我越來越傾向於「現場編輯」——直接在螢幕上更改。《手機》我就是這麼做的。我重讀一遍，進行了編輯和修改。我可以自己完成修改校對，在我看來，這感覺就好比是溜冰。這種工作方式還算可以，但並非最佳。《莉西的故事》，我是把列印稿擺在電腦旁，新建一個文檔，然後通篇重新敲了一遍。在我看來，這感覺好比是游泳，這樣更好。就好像重新把這書又寫了一遍。的確，就是重寫一遍。

每次你修改，每本書都不一樣。因為當你寫完一本書，總會這麼想，這根本不是我想寫的東西。實際上，在寫作過程中你就會認識到這一點。但是，如果你試圖人為改變它的發展方向，就像棒球投手試圖操控快球的方向一樣，結果一定會搞砸。科幻小說作家貝斯特（Alfred Bester）曾經說過，書是老闆，它說了算。你得讓一本書朝著它想要的方向發展，你只要跟著走就行。如果這本書不能這麼走，那就是本壞書，我也寫過壞書，我想《玫瑰瘋狂者》就屬於這個範疇，因為它沒有自己展開，我得推著它往前發展。

評：誰來編輯你的小說呢？他們改動多嗎？

金：維里爾（Chuck Verrill）編輯了很多，有時候他是個很挑剔的編輯。在斯克里布納出版社，《莉西》的編輯是格雷厄姆（Nan Graham），她讓我的書改頭換面，部分是因為這本書寫的是個女人，而她是女性，也因為她剛接手這份工作。她修改得很多。書中靠後的地方有一段寫到莉西去精神病院探望姊姊艾曼達，原本裡面有一個很長的場景，寫莉西去那裡之前先在艾曼達的家裡逗留一陣，後來又和姊姊一道回到了艾曼達家中。南（Nan Graham）說，你得重新設計這個部分，你得拿掉她在艾曼達家裡的第一次逗留，因為這會減慢敘事節奏，而且毫無必要。

我想並非我個人的問題，也不因為是暢銷書作家的緣故，我認為這是作家的天性——註定如此，歷來這樣，總之我的第一反應就是，她不能這麼說我，她懂什麼呀，她又不是作家。她哪理解我的天才！但我轉念一想，試試何妨？我說得格外堅決，因為在我的職業生涯裡已經達到了一種境界，只要我願意，想怎麼來都可以。如果你人氣夠旺，哪怕你想到時代廣場去上吊，也會有人遞繩子給你。我也確實這麼幹過，尤其是當初我嗑藥酗酒的那段時間裡，真是為所欲為，其中也包括對編輯們說「滾你們的蛋」。

評：如果《手機》算是消遣之作，那麼你要把其他哪些作品歸到另外一類呢？

金：要知道，我所有的書都應該是消遣之作。從一定意義上說，這正是問題的根結所在。如果不能成為消遣，那我認為就不是本成功的作品。但如果你指的是不只在這一個層面有意義的小說，那麼我會說《戰慄遊戲》、《桃樂絲的祕密》，還有《牠》。《牠》

的故事在幾個人物童年和後來的成年時代穿插進行。我開始寫的時候認識到，我寫的是關於我們在人生的不同階段如何運用自己的想像力的問題。我很喜歡這本書，而且這是我持續暢銷的作品之一。讀者真的有共鳴，我收到過很多來信，都說希望故事還能繼續。可我說，我的天哪，現在這書就已經夠長的了。

我想《牠》是我的書裡最狄更斯式的一本，因為其中人物五花八門，故事交錯穿插。這本小說毫不費力地將許多複雜的東西呈現出來，我經常希望自己能重新找回這種舉重若輕的感覺。《莉西的故事》也是這樣。小說很長，裡面有許多故事彼此關聯，看似毫不費力地交織在一起。但我說起這些會挺不好意思的，因為我怕人家會笑話我說，瞧這個野人，居然還企圖登堂入室了。不論什麼時候說到這個話題，我總是打岔掩飾。

評：接受國家圖書獎傑出貢獻獎的時候，你在發言中曾為通俗小說辯護，你列舉了幾位你認為被文學正統低估的作家。隨後上台的當年最佳小說獎得主哈澤德（Shirley Hazzard），馬上毫不留情地反駁了你的觀點。

金：哈澤德當時是這麼說的：我認為我們不需要你來給我們開書單。如果給我機會反駁她的話，我一定會說，恕我冒昧，可我們確實需要。我認為從一定意義上講，她恰好證明了我的觀點。對於嚴肅文學的定義有發言權的那些人掌握著一張很短小的名單，只有名單上的人才能進入嚴肅文學的圈子。但常常出現的情況是，這個名單的制定者彼此相識，上過某些特定學校，通過某些特定途徑在文壇嶄露頭角。這很糟糕——它限制了文學的發展。如今正當美國文壇生死存亡的關鍵時期，遭到許多其他媒介的攻

擊：電視、電影、網路，還有其他種種不需印刷就能滿足我們想像力的東西。書籍這種講故事的老方式正遭到攻擊。所以，當哈澤德這樣的人說「我們不需要閱讀書單」這種話的時候，就等於在佩勒卡諾斯（George Pelecanos）或勒翰（Dennis Lehane）這些作家面前猛然關上了一道門。當這種事情發生，當我們把這些人關在門外不予理會，我們就會失去大片的想像空間。這些人——我們都明白，我說的並不是派特森（James Patterson）——從事的是很重要的工作。

因此我要說，沒錯，哈澤德確實需要一張閱讀書單。哈澤德還需要有人對她說，人生苦短，別閒著。你不能坐在這裡廢話連篇，說我們該怎樣怎樣，而應該腳踏實地去幹起來。老天賦予你一定的才華，但他也只給你短短這麼幾十年的生命。

還有，當你將嚴肅的通俗小說關在門外，你也把許多普遍認為是嚴肅作家的人關在了門外。你對他們說，你寫面向大眾的通俗小說會危及自己的聲譽，這樣一來，許多作家就不肯像羅斯那樣，冒險去寫一部《反美陰謀》。他寫這本書是冒著一定的風險的，因為這本書通俗易懂，可以作為消遣讀物——在敘事層面上引人入勝。跟哈澤德的《大火》完全不同——順便說一句，《大火》的確是本相當不錯的好書，但完全不同。

評：所謂嚴肅的通俗小說，跟純文學小說之間真的有那麼大差異嗎？

金：真正的突破點在於，你要問問，這本書是不是在情感層面上引起你的共鳴。而一旦你推動門把，許多嚴肅評論家就會大搖其頭，連連稱不。在我看來，歸根結底，因為那些以文學分析為生

的人會說，如果我們讓這些烏合之眾都進來，人們就會發現隨便什麼人都能做這工作，這東西很容易，那還要我們做什麼？

評：你的小說裡毫不避諱商標與品牌名，這一點似乎讓某些評論家很反感。

金：我向來知道一定會有人對此有意見。但我也知道我絕對不會放棄這種做法，任何人都不可能說服我這麼做是錯的。因為每次我寫到商標與品牌名，我就會感到頭腦裡靈機一動，彷彿正中靶心——就像麥可喬丹來了個招牌大灌籃。有些時候，商標就是最佳的單詞，畫龍點睛，讓場景清晰精準。《鬼店》中，當傑克・托倫斯倒出一片 Excedrin（止痛藥商標）時，你立刻就知道這是什麼。我一直想問問那些評論家——其中有些人是作家，還有些在大學裡教授文學，你們這幫孫子幹嘛呢？你們打開藥品櫃，就只看見些灰不溜丟的藥瓶嗎？難道你們看到的就只是沒名沒號的洗髮精，沒名沒號的阿斯匹靈嗎？你到超市去買六罐一捆的那個，上頭就只寫著「啤酒」二字嗎？你下樓打開車庫的門，裡頭停的是什麼？一部車，就只是車嗎？

然後我想，我敢說他們真就只看到這些。這幫傢伙中有些人，那些大學教授——比如說有個人，他對文學的認識真的就停留在詹姆斯為止，如果你跟他談起福克納或者史坦貝克，他臉上就會浮現一種凝滯的笑容——說到美國小說，這些人都是些大蠢蛋，而他們竟然將這種愚蠢當成了美德。他們不知道威林漢（Calder Willingham）是誰，他們不知道威爾遜（Sloan Wilson）是何許人。他們不知道麥泰莉（Grace Metalious）是誰。這些人他們一概不知道，而這幫孫子還為之洋洋得意。當他們打開放藥品的

櫃門，我想，或許他們看到的真就只是沒標籤的瓶子而已，觀察力不及格。我想我要做的就是明白告訴他們，這是瓶百事可樂，行嗎？它不是瓶汽水。是百事可樂。是樣具體的東西。要有一說一，實事求是。如果可能，就拍張照片給讀者看。

評：你可曾被聲譽拘束住？

金：如果你的意思是說，我是否感到處處受限，想去哪都不行，那麼我的回答是完全沒有。不，從來沒有這種事。別人會給我貼上各種標籤，比如恐怖大師、蹩腳貨專家、恐怖專家、懸疑大師、驚悚大師之類，但我從來沒給自己寫的作品下過定義，也從未寫信對這些標籤定義表示不滿，因為那就顯得我裝腔作勢，拉大旗做虎皮。我記得曾與我在雙日出版社的第一個編輯比爾・湯普森談到過這一點。那時他們剛出版了《魔女嘉麗》，大獲成功，他們想要趁勢再做一本。我把自己已經寫完的兩本書稿給了他們，《撒冷鎮》和《修路》，後面這本書後來才出版，用的是我的筆名巴克曼（Richard Bachman）。當時我問他想先做哪一本，他說，你一定會不喜歡我的答案。他說《修路》是一本更誠懇的小說——是作家小說，你明白我意思，但他想要出《撒冷鎮》，因為他認為這本書在商業上會更成功。但是，他對我說，你會被人貼上標籤。我說，什麼標籤？他說，恐怖作家的標籤。我一笑而過。我想這有什麼？M.R. 詹姆斯、愛倫・坡，還有雪萊不也一樣嗎？我說，我不在乎。這沒什麼。

他們果然把我歸到了恐怖作家的行列，但這個界定從來沒有拘束我的創作。在我全部的職業生涯裡，唯獨有一次感到這是種負擔，就是我寫一本名為《必需品專賣店》的書時。不過那時候我

本來就很敏感，因為那是我打十六歲以來，頭一次在既無酒精也無藥物影響的情況下寫出的作品。我當時什麼都戒了，只是還吸菸。寫完這本書的時候，我想，這書真棒。我終於寫出點真正搞笑的東西來了。我認為自己寫了一本關於八〇年代美國雷根經濟戰略的諷刺佳作。你知道的，人們什麼都買，什麼都拿來賣，靈魂也不例外。書中收買靈魂的店主利蘭・岡特的形象，我一直認為是以雷根為原型的：很有魅力，上了點年紀，賣的都是些垃圾貨色，但卻看起來閃亮誘人。

評：稍等，科法斯（Sandy Koufax）的簽名棒球卡，你說這不過是垃圾貨色？得了吧。

金：但那孩子拿的並不真的是這東西呀——那玩意兒只是看起來像科法斯的卡片，結果發現那根本是別人的卡。還有，我的個乖乖，科法斯可火大了。尤其那孩子最後說的一句話是「科法斯真差勁」，隨後砰！一聲巨響，轟掉了自己的腦袋。科法斯說在他作為投手的職業生涯裡，他一直盡力想為年輕人樹立榜樣，結果卻被安排在一個小孩的自殺故事裡擔任角色，他對此感到非常憤怒。

我試圖跟他解釋，說那孩子的本意並不是說科法斯差勁，他想說的是利蘭・岡特和那家商店，還有這整件事很糟糕。你明白吧，這個人物只能通過這種方式來表達「出賣靈魂換取別的東西是錯誤的」這個意思。科法斯不理解。後來他們拍電影的時候，把這個人物換成了曼托（Mickey Mantle）。曼托絲毫不在意，他覺得這很搞笑。

評：你如何對待這本書受到的負面批評？

金：書評家說這是部失敗的恐怖小說，儘管我以為人人都會把它看成一本諷刺作品。這些年過去了，漸漸地我開始認為，也許這書確實沒那麼好看。

評：你會不會認為一本反響不好的書一旦改編成電影，就會得到評論界更嚴肅的對待？

金：電影確實會招來更多的評論，坦白說，這種評論來得略微容易一些。在我來說，《戰慄遊戲》和《伴我同行》的改編電影就是這樣，從一定程度上講，《熱淚傷痕》₃也是這樣。

評：你多少算是個藏書家。書商霍羅威茨（Glenn Horowitz）有一次告訴過我，說他給你寄錯了書，他跟你道歉的時候，你說沒關係，還是買下來了。

金：我想真有過這事。我不是什麼大藏書家，只是有大約一打的福克納簽名本，還有好多德萊塞的書。我還有麥克勒絲的《金色眼睛裡的倒影》。我愛極了麥克勒絲。我家裡有個老式雜貨店擺放平裝書的架子，我有好多五○年代的平裝書，因為我喜歡那些封面。我還收藏了相當多的六○年代維斯雷克（Donald Westlake）和布洛克（Lawrence Block）等人寫的色情小說，收這些書純粹是因為我樂在其中，從中可以窺見他們的寫作風格。

評：你從福克納、德萊塞和麥克勒絲這些作家那裡都學到了什麼？

金：腔調。我在重讀《國王的人馬》，同時也在聽這本書的CD版，

那個朗讀者是個中好手。威利・斯塔克在裡面說：「誰都有罪惡……人生始出臭尿布，蹬腿裹上臭屍布。誰都不乾淨。」你聽在耳朵裡，不由得心說，哎呀天哪，就是這種腔調！腦子裡一陣閃光。

評：你的語言扎根於地道的美式口語，你可能算得上當今還在創作的作家中最有地方色彩的一位。

金：我一輩子都住在緬因州，我寫到緬因州的時候，這裡的方言腔調自然就回來了。還有幾位很不錯的作家也在描寫這片區域，只不過讀者沒有那麼多，其中有丘特（Carolyn Chute），著有《緬因州的埃及豆》；還有古爾德（John Gould），他寫了《綠葉之火》——但我是讀者最多的一個。說到地方色彩，葛里遜（Grisham）在這方面很出色，他的《粉刷過的房子》寫南方寫得很不錯。

評：好像你會不遺餘力地宣傳其他作家，比如替新作家美言幾句，在你的小說裡提到其他的當代作家之類，難道你真的這麼讚賞那麼多人嗎？

金：我讀到好故事會很激動。我還發現市場小得可憐。我非常幸運，我也希望能把這種幸運散給別人一些。我是從短篇小說起步的，是從短篇小說雜誌的市場裡走出來的。如今書籍的市場已是處處壁壘，短篇小說就更是讀者寥寥，所以我會盡力讓大家注意到這些作品的存在。

評：在編輯明年的《美國最佳短篇小說選》的時候，你會考慮從你讀過的那些類型雜誌裡挑選作品嗎？

金：會。我在讀所有的科幻小說雜誌，尤其是《艾勒里奎恩神祕故事雜誌》和《阿弗雷德希區考克推理小說雜誌》，看看裡面有什麼。《阿弗雷德希區考克》過去曾是本文學水準很高的雜誌，但如今被《艾勒里奎恩》的母公司併購了，稿件品質一路下滑。編輯《美國最佳短篇小說選》是件很好的工作，但做起來有點如履薄冰的感覺，因為外面作品太多了，我總是不放心，怕錯過了什麼。

評：你自己的短篇小說都是什麼時候寫的？

金：我經常在兩部長篇之間的空檔寫短篇。《莉西》和《手機》寫完之後，我閑了一陣。我試圖開寫一部長篇，但寫不出來，於是就寫了幾個短篇小說。然後我開始讀許多許多「全美最佳」的候選稿件——先是一打，後來兩打三打，上百篇都讀完了，最後我終於著手寫下一部長篇。我在寫東西的時候，腦子裡總會有幾個將來要寫的故事點子，但這時候你不能細想下一本小說要怎麼寫。這就好像是已婚男人總要盡量避免在大街上瞄別的美女一樣。

評：你會不會像《一袋白骨》裡的作家邁克・努南那樣，因為已經有太多作品存著，所以寫完一本小說就先藏起來？

金：我這輩子大概有一兩回，有兩三本書做後備。《一袋白骨》的這個細節出自一種傳言，我聽說斯蒂爾（Danielle Steel）每年寫三部長篇小說卻只出版兩部。我心想，如果過去十年都真是這樣，那她肯定攢了好多作品沒出呢。通俗小說界還有其他幾位正牌好手，比如羅伯茨（Nora Roberts），我的老天，她已經出

版了一百五十本書。可大家還以為我就算多產作家了。

評：你曾採用多種不同戰略來推廣你的作品——連載、電子書、在新作品結尾刊登下一部小說的節選，等等，你還在策劃更大的市場戰略嗎？

金：沒有。我只是很好奇會發生什麼事，就像你給小孩一套化學實驗器材，他會想：如果我把這兩種東西混在一起會怎麼樣？網際網路的出版實驗等於是用這種方法告訴出版商，你們要知道，我不一定非得透過你們才行。我還想為其他人開出條路來。再說這有助於保持新鮮感。

斯克里布納出版社問我有沒有短篇小說可以在網路上發表。其實他們的著重點始終都不在網路。他們想的是那種掌上閱讀的小玩意兒，撳個按鈕就翻頁的那種。我始終都不喜歡這點子，大多數人也都不喜歡。他們喜歡實實在在翻書頁。就像一九一〇年代買汽車的那些人，車子動不動拋錨停在路邊，路人會喊，買匹馬多好！現在人們會喊，買本書看多好！其實是同一回事。但大家對於網路出版這麼興致高漲，讓我很感興趣，因為有些從來沒跟我聊過的人——商業人士，西裝革履的——突然注意到我了。你在做什麼？你一個人能做成嗎？你有能力改變整個出版業嗎？他們的興致始終都是金錢驅動的，從來都無關故事內容。

那時正是網路泡沫的最後時光——崩盤之前的最後一場豪華大戲。克拉克（Arthur C. Clarke）已經在網際網路上賣出了一篇作品——只有六頁紙，講星際傳回無線電廣播的故事，於是我心想，耶穌啊，這真沒勁！這傢伙可能只是趁某天午睡睡不著的工夫，隨手寫下了這麼篇小文章。

評：既然斯克里布納發表的短篇小說《騎彈飛行》大獲成功，你為什麼沒繼續在網上發表作品呢？你的後一部網路作品《植物》，只連載了六期就停了。

金：許多人以為我沒連載完《植物》是因為這種銷售方式不成功，這件事使我罕有地感覺到媒體雖力道不大，卻實在起到了推波助瀾、歪曲事實的作用。事實上，《植物》非常非常成功。這小說我是以誠信為本的原則發表在網上的。當初發表《騎彈飛行》時，好多人說有駭客試圖破壞系統，免費拿到作品。我想，得了，反正網民就是愛幹這種事。他們這麼做倒不是為了竊取作品，而是為了看看到底能不能竊得到。這是場遊戲。於是我想，如果你逕直跟他們說：瞧，給你就是──就像是開放式報架，付款全憑誠信。如果你真那麼想當大傻瓜大笨蛋，儘管下手偷去就是！但願你感覺良好，傻蛋！大多數人都付錢買了小說。我猜大概還是有些人想看看能不能偷得到，但過後他們還是付了錢。

我賺了大約二十萬美元，一點管理費用都沒花。想來這真是不可思議。我所做的就只是寫故事，裝台伺服器而已。往庸俗裡說，這就好比是拿到一張印鈔執照。但那篇小說內容一般，是我沒了靈感，到現在也沒寫完。

評：我猜，對你來說，寫作與金錢之間的關係恐怕早已超越了維持生計的階段。賺錢對你還有什麼意義嗎？

金：我認為工作就應該得到報酬。我每天早上被鬧鐘叫醒，做腿部鍛鍊，然後就坐到文字處理機前開始寫作。到中午背開始疼，我就累得受不了了。我跟從前一樣拚命工作，也許比從前更拚命了，所以我想要得到報酬。但是基本上，就眼下來說，這相當於

一種記分方式。

有一件事我不想再做了，就是收取鉅額預付金。我拿過幾回。克蘭西（Tom Clancy）顯然也拿了不少。他還為此大吹大擂。葛里遜（John Grisham）也拿過幾次鉅額預付款。收取鉅額預付金的作家等於是說，我想先把錢賺足了，哪怕這些書最後滯銷，擱在架上無人理會，我也一分錢都不會退。而出版社答應照此辦理是因為他們想出史蒂芬·金、克蘭西或者葛里遜的書。這能給他們出版目錄上的其他書凝聚人氣。書店的人願意把這些作家的東西擺在醒目位置，是因為能吸引更多人進到店裡來。賣書的人幾乎要跪倒在地，膜拜葛里遜，倒不僅僅因為他賣得好、銷量大，更是因為他出書的時機恰好：他總是二月份推出新作，而一般耶誕節熱潮過去之後，書店銷售量會急劇下滑，甚至接近停頓。

我能拿這種鉅額預付金，但我不拿這錢也照樣過得不錯。離開維京出版社的時候我做了個決定，我要求參與出版，當合夥人。只需付我一般般的錢作為訂金，然後我們分享利潤。為什麼不呢？對他們來說這筆生意依然相當合算。但如果純粹是為了錢，那麼我不幹，因為錢我夠多了。

評：你就從來沒想過，你也一定要拿到克蘭西或者斯蒂爾那麼高的一個分數嗎？

金：我們是個競爭社會，我想我也傾向於根據賺到的錢數來衡量自己是不是像上述幾位成就這麼大。但最終要看的總是銷量，而這幾位賣得比我好。葛里遜賣得比我好，他賣四本，我只能賣一本。可我現在覺得這也沒什麼大不了。有時候，當你看到《紐約時報》上的暢銷書排行榜，不禁自問，難道我真的非得

削尖了腦袋拚命擠到這張榜上，去跟斯蒂爾、鮑爾達奇（David Baldacci），還有那些重新流行的書一爭高下嗎？

評：現在距離當初的交通事故已經過去七年了，還會痛嗎？

金：還是痛，一直痛。但我已經不用吃藥了。幾年以前我生了肺炎，不得不住院治療，又做了一次手術，直到後來我終於明白，我不能永遠靠吃藥維持生命，因為那樣的話，我吃的藥得用卡車裝了。那時候我已經連續吃了五年止痛藥，就是 Percocet、OxyContin 之類，我都上癮了。如果你是為了止痛嗑藥，而不是為了爽，戒掉藥物依賴就沒那麼困難。問題在於，你得習慣脫離藥物過生活。你會經過戒癮期，最大的麻煩就是失眠。但熬過一陣之後，身體就會說，哎，可以了！

評：你還吸菸嗎？

金：一天三根，寫作的時候不吸。當你只吸三根的時候，味道真是不錯。我的醫生說，你明白嗎，如果你要吸三根，慢慢你就會想吸三十根，可我不是這樣。我戒了酒，戒了煩寧錠（Valium），戒了古柯鹼。這些癮我都有過。唯一沒戒掉的就是香菸。通常我上午吸一根，晚間吸一根，下午吸一根。我真的非常享受吸菸。我知道這不應該。我明白。吸菸嘛，壞習慣！健康嘛，很重要！但我真的很喜歡坐下來兩腿一伸，看本好書，抽根菸。我昨天晚上還在想這事兒呢。我看了場比賽回來，紅襪隊贏了。我躺在床上讀葛林的《沉靜的美國人》。這本小說真是太棒太棒了。我抽著一根菸，心裡想，還有誰爽得過我呀？

香菸，所有這些讓人上癮的東西都是我們生活中壞的一面。我想

這些癮、這些迷戀，正是我們成為作家的首要因素，你想把這些都寫下來：酒精、香菸、毒品。

評：這是不是意味著寫作也是一種癮？

金：我想是的。對我來說是這樣，哪怕是我寫得不順的時候。如果我不寫，這停滯會讓我很難受。能夠寫作是件很棒的事。寫得順自然是超爽，寫得不那麼順當的時候，只能說還算可以，但也不失為一種極好的消遣。何況還能寫出那麼多小說來展示給大家看。

評：你還參加戒酒會的活動嗎？

金：我儘量定時去。

評：這其中的宗教因素你怎麼看？

金：我倒從來沒覺得這是個問題。活動大綱裡說，如果你不信，那麼假裝相信也行。裝久了就變真，他們是這麼說的。我知道這對很多人來說是個問題，但我照著大綱做事。所以我早上會跪倒在地，說，主啊，幫助我不要想飲酒嗑藥。晚上我會再次跪下來，說，感謝主，我不需要飲酒或者嗑藥。

每當我說到這些，總會跟人講起沃特斯（John Waters）跟異裝癖演員、大胖子迪萬（Divine）拍的一部電影《粉色火烈鳥》。裡面有一個場景是迪萬在人行道上吃了一塊狗的大便。人們總是跟沃特斯問起這個場景，終於有一次他爆發了，說道，聽著，那只不過是一小塊狗屎，讓她一舉成名，當了明星而已！行了吧？對我來說，關係到上帝的一切就只不過是一小塊狗屎而已。但是

如果你能把戒酒會的這一點點狗屎吞下去，你就不需要再酗酒和吸毒了。

評：你有沒有進行過任何一種戒癮治療？

金：當初我戒酒戒毒的時候，諮詢過一個顧問專家，問有沒有辦法把這些東西從我生活中戒除。但如果你說的是真正意義上的心理治療，我怕這會在我腦子底部鑽出個洞來，結果一切都會漏掉，壞了事。我不知道那樣會不會當真毀掉我的作家生涯，但我想，很可能會讓我失去許多好東西。

評：你在寫作過程中有沒有想過你的創造力何來？

金：時不時地，有些東西會不證自明，不認都不行。比如說《戰慄遊戲》中的那個精神病護士。這本書是我毒癮最大最難受的那段時間寫的。我知道我寫的是什麼，對此我從來沒有過疑問。安妮就是我的毒癮，她就是我的頭號粉絲。上帝啊，她說什麼都不肯離開。同時這其中又不乏可笑之處。這種情況經常出現。我記得寫到我和斯特勞布（Peter Straub）合著的小說《黑色之家》的結尾部分，有一個場景是其中一個人物談到他決計無法回到此時此地的存在面──即二〇〇一或二〇〇二年的美國生活──因為如果這樣的情況真的發生了，那麼此人就會生病死去。我當時想，用這種方式來形容我當時所經歷的一切真是優雅漂亮，最恰當不過。那時候我總是病痛纏身，但是當我寫作的時候，我就感覺不到病痛了，因為那時我就逃脫了……你編故事的時候總是潛入另外一個時空。我去到那裡的時候，就不大留意到自己肉身的情況了。我想，這是對創作狀態的一個很不錯的類比。就是一個

你可以躲起來，感覺不錯的地方。

評：在你寫一篇小說的過程中，到了哪一步你就知道會有超自然的神奇因素開始起作用？

金：並不是我想要它來它就會來。並不是我把它趕進門的。它自然而然就來了。關鍵是我太愛這感覺。我正在寫的一本小說《魔島》，講的是一個叫愛德格 · 弗里曼特爾的人，因為事故失去了一條胳膊。於是我想，也許關於斷肢會有些超自然症狀。我知道因為事故失去肢體的人過了很久還會有幻覺。

於是我就上 google 去搜「殘肢幻覺」，想查查這種幻覺能持續多久。我真是愛 google。結果我發現有成千上萬個這樣的病例，其中最棒的一條——我寫進書裡了，是說有個人被打包機切斷了一隻手，他把斷手用大手帕包起來帶回家，裝在罐子裡用酒精泡著。他把這個罐子放在家中地下室。隨後的兩年裡這個人都沒事。突然冬天裡有一天，他的斷肢末端寒冷無比。他給醫生打電話，說，那隻手明明早就不在了，我手臂末端卻冷得要死。醫生說，你把那隻手怎麼樣了？他說，我放在罐子裡，擱地下室了。醫生說，你下去查看一下。於是那傢伙下了樓。罐子擺在架上，窗玻璃破了，冷風正對著那隻手吹呢。於是他把罐子挪到火爐旁邊，就沒事了。這顯然是個真實案例。

評：最近，尤其是《莉西的故事》，看起來你的小說是以人物而不是某個特定情境開篇。你是否正在有意識地嘗試這種變化？

金：也許確實有這種轉變。顯然《手機》並不是這樣，但《手機》的點子很老了。而《莉西》的確是圍繞一個人物的故事。那是我

在車禍過後三、四年想到的。那時候我以為自己全都好了，但結果我的肺底部還是碎裂得很嚴重。我生了肺炎，後來他們直接把我的肺從胸腔裡取出來完成修補手術。我差點死掉。真的是命懸一線。在此期間，我老婆決定要重新裝修我的書房。等我出院回家，發現一切都給拖到了外面，我感覺自己就像個鬼魂。我想，也許我已經死了，我死了以後，我的書房就是這副樣子了。於是我開始寫這部小說，關於一個死去的著名作家，還有他的妻子莉西在兩年之後努力重拾生活、整理心情的故事。

《莉西》就這麼開始了，然後自行往下發展。故事發展到一定程度，這本書就不再僅僅是講這個女人悼念亡夫的過程，開始講我們如何掩埋往事、隱瞞祕密。然後又從這裡跳到另一個點子，即壓抑就是創造，因為當我們壓抑記憶，就會編出故事來填充過去的空白。

評：你太太覺得這本書怎麼樣？

金：她對《莉西的故事》從來沒多說什麼，不過她經常不多說。很多時候她就只是說，不錯。我想人人都會希望老婆說，哎，親愛的，這太棒了！我喜歡這段，我喜歡那段！可她不是這種人。「不錯」就可以了。

評：你認為《莉西的故事》是你轉型之作嗎？

金：這個，問我好像問錯人了。我是身在此山中。我感覺這本書很特別，以至於我很不情願交出去面世。只有這一本書我不想讀相關的書評文章，因為一定會有人說醜話怪話，那樣我會受不了，感覺就像是別人說你愛人的醜話怪話似的。我愛這本書。

評：為什麼你認為他們一定會說醜話怪話？

金：因為這本小說的確嘗試超越一般通俗小說的水準。從一定意義上說，它希望比克拉克（Mary Higgins Clark）或者凱勒曼（Jonathan Kellerman）的小說得到更嚴肅的對待。當作家把部分的生命消耗在一本書上時，他有責任捫心自問，為什麼此書如此重要？我寫完這本書之後，心想，從一定程度講，這本書寫的是神話、抑鬱以及故事的編造，但同時也是關於婚姻和忠誠。

評：如今你也在《紐約客》上發表過文章了，還獲得了全美圖書獎以及其他國際大獎，比起你寫作生涯的早年，很明顯如今你受到更嚴肅的對待。你仍然強烈感到被文學正統排斥在外嗎？

金：情況已經大大改觀。你知道怎麼回事？如果你有一點點天分，你盡力發揮到最大，堅持一步不退，一直往前走，那麼人們就會嚴肅對待。那些少年時代讀過你書的人長大之後成了文學正統的一份子，他們會把你當作他們沿途經過的風景之一接受下來。從某些方面講，你會受到更公平的對待。馬丁・拉維（Martin Levin）在《紐約時報》上評論《末日逼近》，他說這本「描寫瘟疫的小說直通魔界」，說這書「直接秉承了《羅斯瑪麗的嬰兒》的血脈」。我想，我的天哪，我足足花三年時間寫出這麼一本小說，才贏得此人這番評語。身為作家，我總是非常明白自己的位置，我從不妄自尊大，斗膽與更偉大的作家比肩。我對自己從事的職業很認真，但我絕不想欺騙任何人，讓人以為我有多了不起。

還有一個大問題就是你年紀越來越大。我馬上就滿六十歲了。我的創作生命也許還剩下十年，最多十五年。我對自己說，我只有

這麼多時間，還能不能幹點更出色的活兒來？我不圖錢，我不需要再來一部根據我的書改編的電影，我不需要再寫電影劇本了。我也不需要再住進一幢又醜又大的豪宅——我已經有幢房子住著了。我想寫一部比《莉西的故事》更好的書，可我不知道能不能做到。天哪，我希望不要自我重複。我希望不要幹出粗製濫造的活計。但我希望能繼續工作。我拒絕認定自己已經探索過房裡的一切，再無新突破的可能。（張坤／譯）

（原載《巴黎評論》第一七八期，二〇〇六年秋號）

---

1 美國二十世紀三〇年代早期著名的銀行劫匪，曾殺死多名員警。
2 指巴布 · 狄倫於一九六六年發行的《金髮佳人》（Blonde on Blonde）專輯。
3 凱西與陽光合唱團（KC and the Sunshine Band），一九七〇年代初起家的樂團，單曲多次列名排行冠軍，專輯發行量一度高達三白金。
4 即《桃樂絲的祕密》改拍成的電影。

安伯托・艾可
Umberto Eco

安伯托・艾可為《玫瑰的名字》畫的僧侶素描。

第一次打電話給艾可時，他正坐在他那座十七世紀莊園裡的書桌前。莊園位於烏爾比諾（Urbino）城外的小山上，離義大利亞得里亞海岸不遠。他對自家絕美泳池的優點讚不絕口，但擔心我能否順利克服此地的崎嶇山路。因此，我們把會面地點改定在他米蘭的公寓。我到的那天是八月下旬的仲夏節，適逢天主教會慶祝聖母瑪莉亞升天的日子。米蘭灰色的樓房散發出熱氣，路面上積了薄薄一層塵土，幾乎聽不見一輛汽車的聲音。我走進艾可住的那棟樓，搭乘世紀之交的古老電梯，聽見頂樓開門的嘎吱聲，艾可引人注目的身軀出現在電梯鐵柵欄外：「啊——」他眉頭微蹙。

　　公寓裡排列的書架，個個頂到特別高的天花板，中間的過道宛若迷宮——共有三萬冊書，艾可說，另有兩萬冊在他的莊園。我看見有托勒密的科學專著和卡爾維諾的小說，有論索緒爾和論喬伊斯的研究著作，有中世紀歷史和神祕難解手稿的特別專區。許多書由於過度翻閱而顯殘舊，從而賦予這些藏書一種生命力。艾可讀書速度飛快，記憶力驚人。在他的書房，一屋子書架上擺放了艾可自己的作品全集，包括所有譯本（阿拉伯語、芬蘭語、日語……數到三十多種語言後，我數不過來了。）艾可喜滋滋、仔細地把他的作品一本一本指給我看，從早期批評理論成名作《開放的作品》到最近的新著《醜的歷史》。

　　艾可最初是一位研究中世紀和符號學的學者。後來，一九八〇年，四十八歲的他，出版了一本小說——《玫瑰的名字》，在國際書壇引起轟動，銷量超過一千萬冊，這位教授搖身變成文壇明星。他受到記者的追捧，人們推崇他的文化評論，敬仰他的淵博學識，認為他是當代最重要的義大利作家。自那以後，他繼

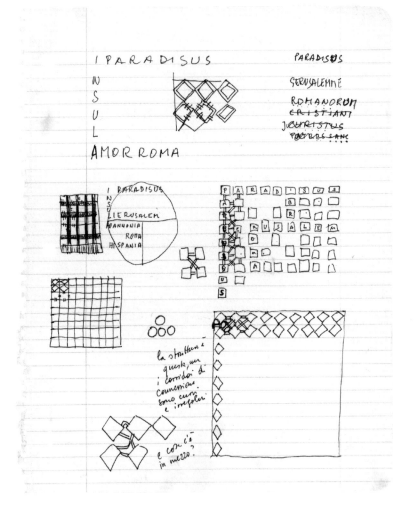

安伯托 · 艾可為創作《玫瑰的名字》而畫的草圖和寫的筆記。

18.6.7. Schema definitivo

Talora il versetto è una volta, talora due,
sempre nell'archivolto che forse alla camera di
leggere dopo

- 167 -
安伯托・艾可 Umberto Eco

續撰寫充滿奇思怪想的散文、學術著作，並創作了四本更暢銷的小說，包括《傅科擺》（1998）和《羅安娜女王的神祕火焰》（2004）。

挺著領路的大肚子，艾可在地板上挪動腳步，帶我走進客廳。透過窗戶，米蘭的天空中映著一座中世紀城堡的巨大剪影。我期待客廳裡會有掛毯和義大利古董，結果卻發現現代風格的傢俱，幾隻玻璃櫥裡陳列著海貝殼和珍本漫畫、一把魯特琴、一套唱片、一幅黏著畫筆的拼貼畫。「這個，你看，是阿曼₁的作品，特別送給我的⋯⋯」

我坐在寬大的白沙發上，艾可陷在一張低矮的扶手椅裡，手裡拿著雪茄。他告訴我，他曾經一天最多抽六十支菸，可現在只有一支沒有點燃的雪茄。在我提第一個問題時，艾可的眼睛瞇成黑線，輪到他回答時，眼睛突然睜開來。「我愛上中世紀，」他說，「就和有的人愛上吃椰子一樣。」在義大利，艾可以他的玩笑、他滑稽俏皮的打趣著稱，繞來繞去的話裡，幾乎每個轉折處，都會扔下笑料。話說得多了，他的聲音似乎也跟著響亮起來。不一會兒，他整理出幾點大綱，彷彿在對一班全神貫注的學生講課。「第一，在寫《玫瑰的名字》時，由於沒人知道，我當然也不知道，亞里斯多德《詩學》佚失的那一卷寫了什麼，就是眾所周知討論喜劇的那卷，但不知怎的，在創作小說的過程中，我發

現了其中的內容。第二，偵探小說提出了哲學的核心問題——誰是兇手？」當他認為對話的人夠聰明時，便迅速展開專業論述：「對，沒錯。但我還要補充的是……」

訪談時間過了兩個小時後，艾可的義大利出版商、邦皮亞尼出版社文學主編安德魯斯（Mario Andreose）來接我們去吃晚飯。艾可的妻子、四十五歲的雷內特・朗姆格（Renate Ramge）與安德魯斯坐在前面，艾可和我坐在後座。幾分鐘前還思如泉湧、妙語連珠的艾可，此時卻顯得冷漠、悶悶不樂。但一踏進餐廳，一盤麵包擺在我們面前，他的心情馬上開朗起來。他興奮地瀏覽菜單，服務生一走過來，他就迫不及待地點了一份比薩餃和一杯蘇格蘭威士忌。「是的，是的，我不該，我不該……」一位滿臉欣喜的讀者走近桌旁，「你是艾可嗎？」這位教授抬起一邊眉毛，咧嘴一笑，搖搖手。接著，艾可興致勃勃地一再提起教皇本篤十六世、波斯帝國的覆亡和最新的「007 電影」，我們的對話終於得以繼續。「你知道嗎，」他一邊把叉子叉進比薩餃，一邊說，「我以前發表過一篇文章，是關於弗萊明₂小說原型情節的結構分析。」

——麗拉・阿桑姆・桑格納（Lila Azam Zanganeh），二〇〇八年

安伯托・艾可 Umberto Eco

《巴黎評論》（以下簡稱「評」）：你生於哪裡？

安伯托・艾可（以下簡稱「艾」）：亞歷山德里亞（Alessandria），那兒以製作博爾薩利諾帽出名。

評：你出生在一個怎樣的家庭？

艾：我父親是會計師，他的父親是印刷工人。我父親是十三個小孩裡的老大，我是家中的頭一個兒子，我兒子是我的第一個孩子，他的第一個小孩也是兒子。所以，如果有人偶然發現艾可家族是拜占庭皇帝的後裔，那我的孫子就是皇太子！

儘管我不常去探望我的祖父，因為他住的地方離小鎮有三英里，而且我六歲時他就過世了，但他對我有格外重要的影響。他對世界懷有巨大的好奇，博覽群書。不可思議的是，退休後他開始從事圖書裝訂，因此，他的公寓裡四處攤著未裝訂的書——十九世紀高替耶和大仲馬的通俗小說，附有漂亮插圖的古老版本。那是我最早所見的書。一九三八年他過世後，這些未裝訂的書有許多沒被主人索要回去，家人把它們全都裝進一個大箱子。十分偶然地，這個箱子流落到我父母的地窖裡。我不時會被差遣到地窖去取煤或拿酒，有一天，我打開這個箱子，發現了一個書的寶藏。從那以後，我常常光顧地窖，結果發現，我祖父收集的還有一套傳奇雜誌《海陸旅行探險畫報》，裡面盡是發生在異國他鄉的奇怪、殘忍的故事。這是我第一次闖入小說世界的美妙體驗。可惜的是，所有那些書和雜誌都遺失了，不過數十年來，我慢慢從舊書店和跳蚤市場上找回。

評：如果你在去祖父家之前沒見過任何書，是不是表示，你父母

連一本藏書都沒有？

艾：這是怪事。我父親年輕時嗜好讀書。由於我祖父母有十三個子女，家裡只能勉強度日，我父親買不起書，所以去書攤旁站在街上看書。書攤主人見他流連不走，面露難色，我父親就去下一個書攤，讀第二部分，依序下去。那是我心中一幅珍貴的畫面，那種鍥而不捨的閱讀追求。長大後，我父親只在晚上有空餘時間，他主要看看報紙和雜誌。在我們家，只有幾本小說，但不擺在架子上，而放在壁櫥裡。有時，我會見到父親在讀從朋友處借來的小說。

評：你那麼年輕就成為一名學者，對此他有什麼想法？

艾：喔，他去世得很早，在一九六二年，不過那時我已出版了幾本書，都是學術方面的內容，可能讓我父親一頭霧水，不過我發現，他會在深夜試圖讀讀看。《開放的作品》恰好在他去世前三個月問世，《晚郵報》上有篇著名詩人蒙塔萊（Eugenio Montale）寫的書評。那篇評論毀譽參半——奇特、友好、尖刻，但畢竟寫評論的人是蒙塔萊，我想，對我父親來說，能這樣，夫復何求。在某種意義上，我還了債，最終，我覺得我達成了他所有的願望，不過我猜，他會更有興致讀我的小說。我母親又過了十年才去世，所以她知道我寫了許多其他的書，受邀去國外大學講座。她病得很重，但很開心，不過我覺得她並不十分清楚發生的事。你知道，母親總是以自己的兒子為傲，即使他是十足的笨蛋。

評：法西斯主義在義大利盛行、戰爭開始時，你還是個小孩，那

時你對此有什麼認識？

艾：那是段匪夷所思的時光。墨索里尼非常具有領袖風範，和當時每個義大利學童一樣，我加入了法西斯青年運動。我們統統被要求身著軍裝式的制服，參加星期六的集會，我們都樂意這麼做。就像今天把一個美國男孩打扮成水兵的樣子，他會覺得好玩。對我們小孩來說，整個運動是某種自然而然的事，猶如冬天下雪、夏天酷暑一樣。我們沒法想像還會有另一種生活方式。我回想起那段時光，與任何人回憶起童年一樣，帶著綿綿溫情，連想起那些轟炸和在避難所度過的夜晚，都是溫軟的。一九四三年，伴隨法西斯的第一次垮台，一切都結束了，我在民主報紙上發現其實還有不同政黨、不同政見。一九四三年九月到一九四五年間，為躲轟炸——那是我們國家最飽受創傷的年代，我和母親、妹妹住到鄉下，在北面的蒙費拉托（Monferrato），皮埃蒙特的一個村莊，那兒位於抵抗運動的中心。

評：你親眼目睹過那些戰鬥嗎？

艾：我記得看過法西斯軍隊與游擊隊的槍戰，差點希望自己能加入戰鬥。甚至記得有一次，為躲一顆子彈，我從樹上跳到地面。那時，從我們住的村莊，每星期都能看見他們轟炸亞歷山德里亞，我父親仍在那兒工作。天空被炸成橘黃色。電話線斷了，我們只有等到週末父親回家，才能知道他是否安然無恙。那期間，一個住在鄉下的年輕人，不得不學會求生的本領。

評：戰爭有沒有對你決定從事寫作產生影響？

艾：沒有，沒有直接關係。我在戰前就開始寫東西，和戰爭無關。

青少年時期，我讀了許多漫畫，還有以馬來西亞和非洲中部為背景的奇幻小說。所以畫起漫畫來。我是個完美主義者，要把它們弄得像印出來的一樣，我用大寫字母寫，並製作扉頁，配摘要和插圖。工程太累人，以致我一本都沒能完成。那時，我就是個有未完成傑作的大作家了。但顯然，我開始創作小說後，有關戰爭的記憶在寫作中起著一定的影響。不過，每個人都困在自己兒時的回憶裡。

評：你把那些早期作品給任何人看過嗎？
艾：我父母可能看到過我在做什麼，但我想我沒給其他人看過。那只是私人愛好而已。

評：你之前提到，你在這個時期嘗試寫詩。在一篇有關寫作的文章裡，你說，「我的詩歌和少年的青春痘一樣，有相同的功能起源和形式結構。」
艾：我覺得在一定年齡，比如十五、六歲時，寫詩像是種自慰。但到晚年，優秀的詩人會焚毀他們早期的詩作，拙劣的詩人則把它們出版。幸好我很快放棄了寫詩。

評：誰激發了你在文學上的努力？
艾：我的外祖母——她嗜讀成癮，雖然只上到小學五年級，但她是市立圖書館的會員，每星期帶兩三本書回家給我。可能是地攤小說，或巴爾扎克的作品，在她眼裡沒有太大區別，一樣引人入勝。另一方面，我母親受的教育，是將來做一名打字員。她從法語和德語打字學起。年輕時她讀過許多書，但上了年紀後，惰性

漸生，唯讀愛情小說和女性雜誌。所以我沒讀過她讀的那些書。但她說一口漂亮優雅的義大利語，文筆也很美，因此她的朋友請她代筆寫信。雖然早早輟學了，但她擁有出色敏銳的語感。我想，從她身上，我繼承了一種對寫作發自內心的喜愛，我早期的文風也受她的影響。

評：你的小說帶有多少自傳色彩？

艾：我覺得在某種意義上，每本都是。當你構思一個角色時，你把部分的個人回憶轉借給他或她，把自己的這一部分給角色一，另一部分給角色二。從這個意義上講，我並不是在撰寫什麼自傳，但寫出來的小說就是我自己的傳記。這是不同的。

評：裡面有許多畫面是你直接照搬的嗎？我想起《傅科擺》裡在墓地吹小號的貝爾勃。

艾：這一幕絕對是我個人的寫照。我不是貝爾勃，但這場景曾發生在我身上，意義非凡，所以此刻我要透露一點以前我從未提過的。三個月前，我花了約兩千美元，買了支高品質的小號。要吹小號，嘴唇必須經過長期訓練。我十二、三歲時吹得不賴，但現在技藝生疏，吹得糟透了。儘管如此，我仍每天練習，原因是我想回到童年時代。對我來說，小號標誌著年輕時的我。我對小提琴毫無感覺，但一看到小號，就覺得體內的血液都沸騰起來了。

評：你還能吹得出兒時的曲子嗎？

艾：我吹得越多，越能清晰地回想起那些曲子。當然，有的小節音太高，太難吹。我重複若干遍，一再努力，但我明白，我的嘴

唇根本無法做出正確的反應。

評：你的記憶出過同樣的狀況嗎？

艾：說來奇怪，我年紀越老，記起的事越多。舉個例子給你聽：我的家鄉話是亞歷山德里亞方言，一種不標準的皮埃蒙特語，摻雜了倫巴第、艾米利亞和熱那亞的方言。我不會說這種方言，因為我們家出身於小資產階級家庭，我父親認為妹妹和我應該只說義大利語。然而在大人們之間，我父母說的是方言。所以我完全能聽懂，但不會說。半個世紀後，突然間，這種方言從我的肚子或潛意識裡冒出來，在亞歷山德里亞碰到老朋友時，我竟然會說了！因此，隨著生命時光的流逝，我不僅重拾起遺忘的往事，還撿回了我以為自己從未學會過的東西。

評：你為什麼決定研究中世紀美學？

艾：我接受的是天主教教育，大學期間，我主持一個全國性的天主教學生團體，因此被中世紀的學術思想和早期基督教神學所吸引。我一開始要寫的畢業論文是關於阿奎那（Thomas Aquinas）的美學，但就在完稿前，我的信仰遭到一次重創。那是一起錯綜複雜的政治事件。我屬於學生團體裡比較激進的一派，意思是，我關心社會問題和社會正義。右翼派受到教皇庇護十二世的保護。一天，團體中我這一派被指控為異端和共產主義份子，連梵蒂岡的官方報紙也攻擊我們。這件事促使我對自己的信仰做了哲學上的修正。但我仍懷著莫大的敬意，繼續攻讀中世紀和中古哲學，更別提我深愛的阿奎那。

安伯托・艾可 Umberto Eco

評：你在《玫瑰的名字》後記裡寫道：「我無處不看到這個時期的存在，它顯而易見地掩蓋在我的日常觀照上。雖然這些觀照看上去不是中世紀的，但它們其實是。」為什麼說你的日常觀照是中世紀的？

艾：我的一生，有無數次全身心沉浸在中古時期的體驗中。例如，在準備畢業論文時，我兩度去巴黎，每次歷時一個月，在法國國家圖書館做研究。我決定那兩個月只活在中世紀裡。如果你縮小巴黎的版圖，從中只挑出固定的幾條街道，你就真的活在中世紀裡了。然後你開始像是中世紀的人那樣思考、感覺。比如我記得，在寫《玫瑰的名字》以前，我太太總責備我觀察大自然的方式不對。她精通園藝，幾乎知曉世界上所有香草和花木的名字。一次在郊外，我們生起一堆篝火，她說，看，那餘燼升起飄在樹梢。我當然沒有注意到。後來，她讀到《玫瑰的名字》的最後一章，我在裡面描寫了類似的一堆火，她說，所以你的確注意到那些餘燼！我回答，沒有，但我知道，一個中世紀的僧侶會怎麼去看那餘燼。

評：你覺得你有可能真的喜歡生活在中世紀嗎？

艾：啊，倘若如此，在我這個年紀，我已經死了。我猜，如果我活在中世紀，我對那個時代的感受會絕然不同。我寧可只是想像而已。

評：對門外漢而言，中世紀瀰漫了一種神祕、遙不可及的色彩。是什麼吸引了你？

艾：這很難回答。你為什麼墜入愛河？如果非要解釋的話，我會

說，因為那個時期與人們想像中的恰恰相反。在我看來，它不是黑暗時代，而是一個光輝燦爛的時期，迸發出文藝復興的富饒土壤。一個混亂而活躍的過渡期──誕生了現代城市、銀行體系、大學，還有我們現代概念中的歐洲，包括語言、國家和文化。

評：你說過，在你的書裡，你從未有意識地把中世紀和現代做比較，但看起來，這是中世紀吸引你的部分原因。

艾：對，但在做類比時必須極其小心。我曾在一篇文章裡把中世紀和我們所處的時代做過一些對比。但如果你給我五十美元，我可以給你寫一篇文章，比較我們的時代和尼安德塔人的時代。要找到對比之處總是容易的。不過我認為，關注歷史的意義，在於把它與今天進行深入廣博的比較。我承認我老派得可怕，像西塞羅一樣，我依舊相信「歷史是人生的導師」。

評：作為一名中世紀領域的年輕學者，你為什麼突然研究起語言來？

艾：因為自有記憶以來，我就想弄懂傳播和交流是怎麼一回事。在美學領域，問題就是：何謂藝術品，一件藝術品怎麼向我們傳達資訊？我對「怎麼」這個問題尤為著迷。此外，我們被當做人的一個限定條件是我們能創造語言。而且後來，一完成畢業論文，我就去義大利國家電視台工作。那是一九五四年，距初次開播才過沒幾個月。義大利的大眾視覺傳播時代就此展開。於是，我開始好奇，自己是不是有某種奇異的人格分裂。一方面，我對實驗文學和藝術裡最超前的語言功能感興趣，另一方面，我愛好電視、漫畫和偵探小說。我不由得捫心自問，我的興趣有可能真

安伯托・艾可 Umberto Eco

那麼大相逕庭嗎？

我轉向符號學，因為我想把不同層次的文化統一起來。我認識到，任何大眾傳媒的產物均可以是文化分析的對象。

評：你曾說，符號學是一門說謊的學問。

艾：與其用「說謊」，更應該說是「講述真相的反面」。人類會講童話，會幻想新世界，會犯錯——還有，我們會撒謊，所有那些可能性都歸結到語言。

說謊是人類特有的能力。一條狗，循著氣味追蹤足跡，可以說，狗和氣味都不會「說謊」。但我可以騙你，告訴你往那個方向走，卻不是你問的方向，然而你會信我，結果走錯路。這現象之所以可能，原因在於我們依賴符號。

評：一些反對把符號學作為一個研究領域的人斷言，符號學家最終使所有現實都消失、不復存在了。

艾：這是所謂解構主義者的立場。他們不僅把一切都假定為文本——連這張桌子也是，每個文本可以被無限解讀，而且，他們遵循一個來自尼采的觀點——他說，沒有事實，只有闡釋。相反，我追隨的是皮爾斯（Charles Sanders Peirce）。毫無疑問，他是最偉大的美國哲學家、符號學和闡釋理論之父。他說，我們通過符號闡釋事實。如果沒有事實，只有闡釋，那還餘下什麼需要闡釋呢？我在《詮釋的界限》裡要談的就是這一點。

評：在《傅科擺》裡，你寫道：「一個符號越含糊難懂，就越受重視，越有力量。」

艾：一個空洞無內容的祕密具有強大的力量。人們常提起「共濟會之謎」，究竟什麼是共濟會之謎？沒人說得出。只要它空洞無物，就可以往裡面填塞任何可能的內容，它便有了力量。

評：你是否認為符號學家和小說家的工作是完全割裂的？
艾：聽起來可能難以置信，但我寫小說時，從不去想符號學，我寫好之後讓別人去做這事。他們得出的結論，往往令我吃驚。

評：你還迷電視嗎？
艾：我猜，沒有哪個嚴肅學者是不喜歡看電視的。只不過承認的人只有我一個。然後我試著把它當做研究的素材。但我不是一切照單全收的電視迷，不是什麼電視節目都愛看，我喜歡看電視劇，討厭垃圾秀。

評：有什麼節目是你特別喜愛的？
艾：員警連續劇，比如《警界雙雄》（Starsky and Hutch）。

評：那是七〇年代的連續劇，已經不演了。
艾：我知道，但我聽說剛出了 DVD 全集，正考慮弄一套。除此以外，我喜歡《犯罪現場調查》、《邁阿密風雲》、《急診室的故事》，最喜歡的是《神探可倫坡》。

評：你讀過《達文西密碼》嗎？
艾：讀過，說來我也有責任。

安伯托・艾可 Umberto Eco

評：那本小說像是從《傅科擺》衍生出的一個奇特的小分支。

艾：作者丹‧布朗就是從《傅科擺》裡走出來的一個角色！是我創造的。他和我筆下的人物著迷於相同的事——玫瑰十字會、共濟會成員和耶穌會信徒統治世界的陰謀；聖殿騎士團所扮演的角色、絲毫不洩漏的祕密、萬物相涉的根本原理。我懷疑丹‧布朗這個人也許根本不存在。

評：鄭重提出一個虛構的前提，這似乎出現在你多部小說裡。虛構作品在某種意義上具有實質性和真實性。

艾：對，虛構的故事能創出現實。我的第四本小說《波多里諾》寫的就是這個。波多里諾是個小騙子，混跡在神聖羅馬帝國腓特烈‧巴巴羅薩大帝的宮廷裡。這男孩編造了一大堆稀奇古怪的事——從聖杯的傳說到博洛尼亞陪審團授予巴巴羅薩政權合法性。他的行為造成了實際的後果。捏造的故事或錯誤可以引致真實歷史事件的發生。就像祭司王約翰的書信，它是偽造的——在我的小說裡，偽造它的不是別人，正是波多里諾自己。但它真的激發了中世紀對亞洲的探險，因為信裡描述，在神祕東方的某個地方，有個傳奇式的基督教王國，繁榮昌盛。又或舉哥倫布為例；他對地球的認識，完全是錯誤的。雖然和古代每個人一樣，包括他的對手在內，他知道地球是圓的，但他認為的地球比實際小得多。受這種錯誤觀點引導，他發現了美洲。另一個著名的例子是《猶太長老祕密會議紀要》。它是假造的，但它為納粹意識形態提供了證據，在某種意義上，為猶太人大屠殺鋪平了道路。希特勒用這份文獻證明消滅猶太人的合理性，他可能知道那是假的，但在他的意識裡，文件所描述的猶太人與他所要的恰好吻合，因

此，就把它當做真的。

評：波多里諾最後宣稱：「『神父之國』是真實存在的，因為我和我的同伴們耗費了三分之二的生命去尋找它。」

艾：波多里諾偽造文書、設計烏托邦、構思假想中的未來藍圖。當他的朋友們興高采烈地踏上征程、實際探尋起傳說中的東方時，他的謊言成真了。不過這只是敘事的一個方面。另一方面，在小說的架構裡，你可以利用看上去難以置信、簡直是編造出來的真實事件。在我的小說裡，我用過無數真實的故事和真實的場景，因為我發現，它們遠比我在以往所謂小說裡讀到的任何內容更浪漫、更戲劇化。比如，在《昨日之島》裡，有一幕純粹的滑稽鬧劇，卡斯帕神父製造了一樣古怪的工具，用來觀測圍繞木星的衛星。伽利略的書信裡描寫過這個工具。我只是幻想，如果伽利略的工具真被造出來，會發生什麼事。但我的讀者以為這全都是一種趣味性的虛構。

評：是什麼促使你以歷史事件為基礎創作小說的？

艾：對我而言，歷史小說不只是真實事件的虛構版本，事實上，它能使我們更理解實際歷史。我也喜歡在歷史小說裡加入成長小說的元素。在我所有的小說裡，都有一個年輕的主人公，在一系列的經歷中成長、學習、受難。

評：你為什麼直到四十八歲才開始寫小說？

艾：這沒有人們想像的那麼大的跳躍，因為即使在我寫博士論文、在立論說理時，做的就已經是敘述的工作。長久以來，我認為，

安伯托・艾可 Umberto Eco

絕大多數哲學書真正的核心是在講述他們做研究的故事，誠如一個科學家解說他們得到重大發現的經過。因此，我覺得一直以來我都在講故事，只是用的文體略有不同。

評：是什麼讓你覺得一定要寫一部小說？

艾：一九七八年，有一天，一位朋友告訴我，她要負責出版一套業餘作者寫的小型偵探小說。我說，我壓根不會寫偵探故事，但如果讓我寫的話，一定是本五百頁、以中世紀僧侶為人物的書。那天回到家，我虛構了一個中世紀僧侶的名單。後來，我腦中突然湧現出一個僧侶被毒殺的畫面，創作的念頭全部源自於此，源自那幅畫面，繼而變成一種不可抑制的衝動。

評：你的許多小說似乎都仰賴睿智的觀點，你是不是在自然而然地彌合理論研究與小說創作之間的裂縫？你曾說，「對於那些我們無法將之理論化的事，我們只能敘述。」

艾：這是借用維根斯坦的一個說法，沒有實際含義。事實是，我寫了無數關於符號學的文章，但我認為，沒有哪篇比《傅科擺》更好地表達出了我的觀點。你的某個觀點可能不是原創的——亞里斯多德總在你之前想到。但由這個觀點創作一部小說，你能賦予它原創性。男人愛女人，這不是個新創的觀點，但如果你用某種方式，就此寫出一部傑出的小說，那麼，經過文學的戲法，它就變成絕對的原創了。我十分相信，到頭來，更豐富的是故事——一個觀點經過改造，融入事件中，借角色來表達，通過精雕細琢的語言使它煥發光彩。因此，顯然地，當一個觀點被轉化為一個有生命的機體後，它就變成某種截然不同的東西，而且可能

更富表現性。

另一方面，矛盾可以構成一部小說的核心。殺死老太婆是件有意思的事——帶著這個論點，你的倫理課論文會不及格，移到小說裡，它成了一部文學經典《罪與罰》，裡面的人物分不清殺死老太婆是對是錯，他的掙扎搖擺——即我們所說的矛盾，成為富詩意而有挑戰性的主題。

評：你怎麼為你的小說著手進行研究？

艾：就《玫瑰的名字》而言，由於我早對中世紀有興趣，手頭有數百份資料，所以只用兩年就寫完了。寫《傅科擺》，從研究到完稿花了我八年時間！由於我不把自己在做的事告訴別人，現在想起來，幾乎整整十年，我活在自己的世界裡。我走到街上，看見這輛車、那棵樹，對自己說，啊，這可以和我的故事聯繫起來。就這樣，我的故事一天天成形，我做的每件事、生活裡的每個小片段、每段對話，都會給我靈感。然後，我實地探訪那些寫到的地方——法國和葡萄牙所有聖殿騎士住過的區域。它變得像一種電動遊戲，而我可以在裡面扮演一名武士，走進某個魔法王國。不同在於，玩電動遊戲你變得完全呆住不動，而在寫作時，總有一個臨界點，你在那一刻跳下火車頭，為的只是第二天早晨重新上車。

評：你的寫作進度是否有條不紊？

艾：不，完全不是。一個想法迅即喚起另一個。隨便一本書令我想要讀另一本書。讀著一篇完全沒用的文獻，突然有了故事接下來怎麼寫的正確靈感，或是插入一大堆框框之後又再加一個小框

安伯托・艾可 Umberto Eco

框，這種情況時有發生。

評：你曾說過，寫一部小說，必須先創造一個時空，然後「文字會近乎自動地蹦出來」，你的意思是不是說，小說的文體總是由它的主題決定的？

艾：是，對我來說，主要的問題是構建一個時空———一座僧侶被毒殺的十四世紀修道院，一個年輕人在墓地吹小號，一個困於君士坦丁堡之劫的騙子。之後進行的研究，是指給這些時空設置限制：旋梯有多少級台階？洗衣單上有多少樣衣物？一次任務派遣多少同伴？文字盤繞在這些限制上。用文學的術語來說，我覺得我們經常誤以為文體只和句法及辭彙有關。其實文體也包括一種敘述元素，它決定我們用什麼方式把部分素材組合起來構建一個情景。拿倒敘來說，它屬於文體的一個結構元素，卻和語言無關。因此，文體遠比純粹的書寫更複雜，在我看來，它的功能更像電影裡的蒙太奇。

評：你如何努力找到恰當的敘事口吻？

艾：我會把一頁內容重寫幾十遍。有時，我喜歡把段落大聲朗讀出來。我對我作品的語調極為敏感。

評：你是否像福樓拜那樣，覺得連寫一個好句子，都要費盡苦心？

艾：沒有，我沒覺得有那麼困難。的確，我會把同一個句子重寫好幾遍，但現在有電腦後，改變了我的寫作方式。創作《玫瑰的名字》時，我先寫草稿，由我的秘書用打字機把它謄過一遍。當你把同一個句子改寫十遍時，很難做到一遍遍重打。那是實實在

在的白紙黑字，不過我們也用剪刀和膠水幫忙。在電腦上，可以很容易地在同一天內把一頁內容改上十遍或二十遍，進行改正和重寫。我覺得我們天生對自己的作品永不滿意。但現在，修改變得如此容易，可能是太容易了，因此，在某種意義上，我們變得更加苛刻。

評：成長小說通常包含一定程度的情感和性愛教育。在你所有的小說中，你只寫過兩幕做愛的場景——一次在《玫瑰的名字》裡，另一次在《波多里諾》裡，這有什麼原因嗎？

艾：我想，比起描寫性，我只是更喜歡身體力行。

評：《玫瑰的名字》裡，阿德索和農家女發生關係時，為什麼引用《舊約·雅歌》的詩句？

艾：這是一種文體上的打趣，因為我感興趣的，與其說是做愛這個行為本身，不如說是描寫一個年輕僧侶如何通過他的文化感知力來體會性。因此，我至少拼湊了五十個不同的神祕文本，包括〈雅歌〉的節選，來描述他們狂喜的高潮。在整整兩頁描述他做愛的文字中，幾乎沒有一個詞是出自我自己之口。阿德索只能透過他之前所吸收的文化來理解性。這個例子，就是我所定義的文體。

評：一天當中，你在哪個時候寫作？

艾：沒有規律。對我來說，不可能有固定的時間安排。有時我早晨七點開始寫，寫到深夜三點，只停下來吃個三明治。有時，我一點創作欲望也沒有。

安伯托·艾可 Umberto Eco

評：如果寫的話，一天寫多少？還是一樣沒有規律可言？

艾：什麼規律都沒有。注意，不是一定要把字寫在紙上才叫寫作。你可以在走路或吃飯時寫出一章內容。

評：因此你每天的創作進度都不一樣？

艾：如果在鄉下，住在蒙特菲爾托（Montefeltro）山區高處的家中，我就會有一定的工作日程。打開電腦，瀏覽電子郵件，先讀點東西，然後動手寫，一直寫到下午。之後到村裡的酒吧喝杯酒，讀讀報紙。回到家，晚上我看看電視或碟片，看到十一點，接著再工作到午夜一、兩點。因為不受打擾，所以在那兒我有一定的規律。如果身在米蘭或大學裡，我無法掌控自己的時間——總有別人替我決定該做什麼。

評：當你坐下來寫作時，會有什麼樣的焦慮？

艾：我沒有焦慮。

評：沒有焦慮，這麼說，你只是感到非常興奮？

艾：在坐下寫作前，我心情很愉快。

評：如此高產的祕訣是什麼？你既寫了數量驚人的學術著述，又有五部篇幅一點不短的長篇小說。

艾：我總會說我善於利用空隙。原子和原子之間、電子和電子之間，存在很大空間，如果我們縮減宇宙、去除中間所有的空隙，整個宇宙可能壓縮成一個球。我們的生活充滿空隙。今早你按了門鈴，隨後你得等電梯，到你出現在我門前，中間又流逝了好幾秒時間。等你的這若干秒裡，我就在思考正著手寫的一篇新文

章。我可以在廁所、在火車上工作。游泳時，我想出很多東西，特別是在海裡游時。在浴缸裡，想出的沒那麼多，但也有收穫。

評：你有過不工作的時候嗎？
艾：沒有，沒有不工作的時候。噢，對，有，我做手術的那兩天。

評：如今你最大的樂趣是什麼？
艾：夜讀小說。有時，我覺得好奇，是不是身為一個叛了教的天主教徒，仍有那個柔和而清澈的聲音在我腦海低語，說小說給人太多快樂，不能在白天讀？因此，白天通常用來寫論文和努力工作。

評：是說帶著內疚的快樂嗎？
艾：我不是在懺悔！好吧，蘇格蘭威士忌。抽菸是一項帶著內疚的快樂，直到三年前我戒了菸。一天我可以抽大概六十支，但以前抽的是菸斗，所以我習慣一邊把煙噴出去，一邊寫東西，吸入的不多。

評：有人批評你在作品裡炫耀學問。一位評論家甚至說，對門外漢讀者而言，你作品的主要魅力源於他對自己無知所感到的羞恥，進而轉化為對你博學轟炸的天真崇拜。
艾：我是虐待狂嗎？我不知道。還是暴露狂？也許吧，我開玩笑。當然不是！我一生寫了這麼多書，絕不只是為了在我的讀者面前堆弄學問。誠然，我的學問相當程度地滲透在我小說錯綜複雜的結構裡，但那要靠讀者去發現它們。

安伯托・艾可 Umberto Eco

評：你覺得，作為小說家獲得非比尋常的歡迎和成功之後，有否改變你對讀者這一角色的看法？

艾：身在學術界那麼久，寫起小說，就像戲劇評論家突然登上舞台，讓以前的同事──評論家們──把目光聚集在他身上，開始時讓人覺得十分錯亂、迷惑。

評：但從事小說創作後，在身為作者可能對讀者產生多大影響這個問題上，你的看法有無變化？

艾：我始終認定，一本好書比它的作者更富智慧，它能傳達出作者沒有意識到的東西。

評：你是否認為暢銷小說家的身分降低了你這麼一個享譽國際嚴肅思想家的聲譽？

艾：自從我的小說出版後，我已收到世界各地大學授予的三十五個榮譽學位。以此而論，對你的問題，我得出的答案絕對是否定的。在大學校園裡，介於敘事和理論之間的搖擺激發起教授們的興趣，他們常在我的作品裡發現這兩方面的關聯，甚至多到超出我本人所能相信。如果你要的話，我可以帶你看看，以我為論述對象的學術出版物占了整整一面牆。

此外，我繼續撰寫理論文章，過的仍是一個大學教授的生活，週末寫寫小說，而不是一個在大學兼職教書的作家。我參加學術討論會的次數多於參加筆會。事實上，可以反過來說，也許是我的學術工作，阻斷了我想成為大眾媒體眼中的作家的念頭。

評：天主教會無疑曾與你為難，梵蒂岡的報紙形容《傅科擺》「充

斥著玷污褻瀆神靈、插科打諢和污穢猥褻的內容，傲慢自大的態度和犬儒主義貫穿其中。」

艾：奇怪的是，我剛收到兩所天主教大學授予的榮譽學位——分別是魯汶大學和羅耀拉大學。

評：你相信上帝嗎？

艾：為什麼前一天愛上某人，第二天發現這份愛不見了？唉，感覺的消失沒有理由，常常無跡可尋。

評：如果你不相信上帝，那你為何寫了那麼多有關宗教的內容？

艾：因為我的確信仰宗教。人類是宗教性的動物，人類行為的這一特徵不容忽視或置之不理。

評：除了學者和小說家，你有第三個潛在的身分——譯者。你是一位翻譯家，對翻譯中的難題做過詳盡的論述，作品得到廣泛的譯介。

艾：我編輯過無數譯作，翻譯過兩部作品，我自己的小說被譯成數十種語言。我發現，每部譯作都是一個妥協的案例。比如你賣東西，我來買，我們要協商——你失去一些，我失去一些，但最後，我們雙方或多或少感到滿意。在翻譯中，文體關涉的不僅僅是辭彙，還有節奏。辭彙的翻譯用 Altavista 網站就可以做到。研究者做過了十九世紀義大利文學名著，曼佐尼（Manzoni）所寫《約婚夫婦》的詞頻測試。曼佐尼的辭彙量極其貧乏，發明不出新穎的比喻，形容詞「好」的使用數量多到嚇人。但他的文筆出眾，純淨素樸。翻譯《約婚夫婦》，和所有偉大的譯作一樣，需要譯出他筆下世界的靈魂，它的風格和精確的語言節奏。

安伯托・艾可 Umberto Eco

評：自己作品的翻譯，你涉入多深？

艾：我能讀得懂的語言，其譯本我都讀過。由於譯者和我一起工作，而且幸運的是，我一輩子擁有固定的譯者，所以大抵上我都滿意。現在，我們在一種相互瞭解的基礎上合作。我不懂的語言，偶爾我也和譯者合作——像日語、俄語和匈牙利語，因為他們很有才學，能解釋給我聽在翻譯成他們的語言時遇到的實際問題，於是，我們可以共同討論解決的方法。

評：有沒有哪位優秀的譯者提出的建議，揭示了你在原著中未曾注意到的可能性？

艾：有，有可能。還是那句話，作品比它的作者更富智慧。有時，作品暗示出作者沒有想到的含義。譯者在把文本轉化成另一種語言時，發現那些新含義，透露給你。

評：你有時間閱讀同時代作家寫的小說嗎？

艾：沒那麼多時間。自從變成小說家後，我發現自己有偏見。不是認為一本新小說比我的還糟，不喜歡，便是懷疑寫得比我好，不喜歡。

評：你對今日義大利文學的現狀持何看法？有哪位傑出的義大利作家是美國人尚需知曉的？

艾：我不知道有沒有傑出的大作家，但我們中等水準的作家有了起色。你看，美國文學的優勢，不僅在於有福克納、海明威和貝婁，而且還有一大群二線作家，創作了相當數量的通俗文學。這類文學要求有良好的寫作技巧，特別在偵探小說這片興盛的領

域，在我看來，它是任何一個國家文學產業的晴雨錶。這個中等水準的作家群體，也意味著，美國能夠生產足夠多的作品，滿足本國讀者的需求。因此他們翻譯的作品很少。在義大利，這類文學缺席了很長一段時間，但現在，至少有一批年輕作家在創作這類書。我不是個自視清高的學究，我自認為不是，我確實認識到，這類文學是一個國家文學文化的組成部分。

評：但為什麼我們對義大利作家沒有耳聞？你可能是目前唯一一位至少在很大程度上享有全球讀者的義大利作家。
艾：翻譯是癥結所在。在義大利，市面上百分之二十的書是翻譯作品，在美國，這個數字是百分之二。

評：納博科夫曾說：「我把文學分為兩類，一類是我想寫的，一類是我寫過的。」
艾：嗯，這麼來說，我會把馮內果、德里羅、羅斯和奧斯特的書歸為前一類。大體上說，儘管我的文化背景，從地域角度，本質上屬於法語區，但我喜歡美國當代作家遠勝過法國作家。我出生在義法邊境，法語是我學的第一語言，我對法語文學的通曉程度，甚至可能超過義大利文學。

評：如果一定要你說出幾個影響過你的作家呢？
艾：通常，我會回答是喬伊斯和波赫士，從而讓採訪者打住，不過這並不全對。幾乎每個人都影響過我。當然有喬伊斯和波赫士，也有亞里斯多德、阿奎那、洛克——凡是你能想到的。

評：你在米蘭這兒的藏書本身就是個傳奇，你喜歡收集哪些書？

艾：我一共有大約五萬冊書。但身為一個珍本收藏者，人類對離經叛道思想的偏好令我著迷，因而收集的書，都是關於我不信的事，像猶太神祕教、煉金術、魔法、胡編亂造的語言。各種扯謊的書，儘管並非故意要騙人。我有托勒密的書，沒有伽利略的，因為伽利略講的是事實。我更喜歡瘋子學說。

評：擁有這麼多冊書，你走到書架前時，怎麼決定要挑哪一本讀呢？

艾：我不是走到書架前去挑書讀。我知道那一刻我需要哪本書，然後從書架上拿下來，這是兩回事。比如，如果你問我有關當代作家的問題，我會翻閱收藏的羅斯或德里羅作品集，確切回想起自己喜歡的是什麼。我是位學者。在某種程度上應該說，我從來沒有漫無目地選擇，我依據的是特定時期內從事的工作的需要。

評：你曾經把書送出去過嗎？

艾：我每天收到大量的書——小說、我已有的書的新版本，所以每個星期，我會裝幾箱書，送到我教書的大學，那兒有張大桌子，上面豎著一塊牌子：「書籍奉送，拿了就走！」

評：你是世界著名的公共知識份子，你會怎麼定義「知識份子」？這詞仍具有一種特殊含義嗎？

艾：如果你指的知識份子僅僅是腦力工作者，而非體力勞動者，那麼，銀行職員是知識份子，而米開朗基羅不是。今天，只要有

一台電腦，每個人都是知識份子，所以我覺得，知識份子的定義和一個人的職業或所處的社會階層無關。按我的觀點，知識份子是一類具有創造力、生產新知識的人。一個農民，領會了一種新的嫁接術，能生產出一個新的蘋果品種，在那一刻，他所做的就是一種知識份子的行為。相反，一輩子重複同一門海德格課的哲學教授，算不上知識份子。批判的創造性——對我們所做的提出批評或創造出更好的方法，是知識份子職能的唯一標識。

評：今天的知識份子，是否還像在沙特和傅柯的時代那樣背負著政治使命？

艾：我不認為，為承擔政治使命，知識份子必須加入一個政黨，或更糟地、無一例外地只針對眼前的社會問題撰文。知識份子的政治參與度，應該和其他公民一樣。至多，知識份子可以利用他的聲望，支援某個特定議題。例如，如果有一份關於環境問題的宣言，我的簽名也許有所幫助，那麼我會為一件單個的普遍性事務運用我的聲望。問題是，知識份子真正能發揮作用的，只在關係到未來的議題，而不是眼前之事。如果劇院發生了火災，詩人可不能爬到椅子上朗誦一首詩，他必須和其他人一樣，打電話給消防隊。知識份子的職能在於預見性，注意到那個劇院年深日久，有隱患！因此他提出的訴求，具有預言的功能。知識份子的職能在於，指出我們應該那樣做，而不是我們現在必須這麼做！——那是政治家的工作。如果摩爾的烏托邦真的實現，我毫不懷疑，那會是個史達林主義的社會。

評：在你一生中，知識和文化給你什麼收穫？

艾：一個目不識丁的人，假如說在我這個年紀死了，那麼他只活了一種人生；而我卻體驗了拿破崙、凱撒、達太安的多種人生。因此，我一直鼓勵年輕人讀書，因為這是一條拓展記憶容量、極大地豐富個性的理想途徑。那麼，到生命終點，你得以體會了無數種人生，這是項了不起的特權。

評：但龐大的記憶也可能是巨大的負擔，就像你最喜歡的波赫士人物，〈博聞強記的富內斯〉裡那位富內斯的記憶容量。
艾：我喜歡一個說法，叫堅持不感興趣。要養成堅持不感興趣，你必須把自己局限在特定的知識領域。你不可能對事事都求知若渴，必須強迫自己不要樣樣都學，否則你什麼也學不到。文化在這個意義上，關涉的是知道怎麼遺忘。不然，人就變成富內斯那樣，記得三十年前看見的那棵樹上的所有樹葉。從認知學的觀點，關鍵在於要區分你想學習並熟記的是哪些。

評：但從廣義上講，文化本身不就已經有所過濾了嗎？
艾：對，可以這麼說，我們個人的文化是第二重過濾，因為在普遍意義上，文化已經有區別對待的含義。在某種程度上，一個群體通過文化這種機制，暗示我們要記住什麼、忘記什麼。比如——看看每本百科全書——文化決定了丈夫凱撒死後，做妻子的卡珀里納怎麼了都已無關緊要。最有可能的是她並沒有遇上什麼值得一提的事。然而，舒曼死後，克拉拉‧舒曼的地位變得益發重要。傳聞她是布拉姆斯的情人，憑自身實力成為公認的鋼琴家。所有這一切都確鑿無疑，直到有位歷史學家發掘出一份無人知曉的文獻，揭示出某些被我們忽略的事實其實有著重大關聯。

如果文化不具過濾性，那麼它是空洞無意義的——像無形無垠的網際網路本身一樣空洞無物。如果我們所有人都擁有網路那樣無邊無際的知識，我們就成了白癡！文化是一種工具，對智力勞動進行分門別類。對你我而言，知道愛因斯坦提出了相對論，就夠了，至於徹底弄懂這個理論，則留給專家去做。真正的問題在於，太多人被授與成為專家的權利。

評：你怎麼理解那些宣佈小說已死、書本已死、閱讀已死的人？
艾：相信某件事走到盡頭是一種典型的文化姿態。自希臘人和拉丁人以來，我們就堅信前輩比我們更優秀。大眾媒體日益激烈地履行這項實踐，每每讓我覺得有趣好笑。每個季度都有一篇文章討論在美國小說已死、文學已死、文化已死。人們不再讀書！青少年只玩電動遊戲！事實是，全世界有數以千計的店裡堆滿了書、擠滿了年輕人。人類歷史上，從未有過這麼多書、這麼多賣書的地方、這麼多光顧那些地方買書的年輕人。

評：你對危言聳聽的人有什麼看法？
艾：文化不停地適應新情勢。可能會出現不同的文化，但肯定會有一種文化存在。羅馬帝國覆亡後，歷經了數個世紀的深刻變遷——語言的、政治的、宗教的、文化的。目前，這類變化以十倍的速度發生。令人激動的新面貌將持續出現，文學不會消亡。

評：你過去曾說，寧願當一名學者為人銘記，更甚於被看做是小說家。你真是那麼想的嗎？
艾：我不記得那樣說過，因為這種心情會隨被問到時的情境而變

化。但此刻，經驗告訴我，學者的著作要流傳後世非常困難，因為理論在變化。亞里斯多德的論點流傳至今，而無數僅一個世紀前的學術文章已不再重印。相反，許多小說不斷再版。因此，從技術上講，當個作家流傳後世的可能性大於當個學者，這些是我考慮的因素，與我自己的願望無關。

評：對你來說，作品流傳後世有多重要？你有否經常想到你留給後人的遺產？

艾：我相信，沒有一個人是為了自己而寫作的。我認為，寫作是一種愛的行為——你寫作，是為了付出某些東西給他人，傳達某些東西，和別人分享你的感受。作品能夠流傳多久這個問題，不僅對小說家或詩人，對每個寫作者來說，都是至為重要的。事實上，哲學家寫書，是為了說服許多人相信他的理論，希望在將來三千年後，人們仍會讀他寫的那本書。這好比你希望你的孩子繼承你的血脈，如果你有孫兒，他就延續你孩子的血脈。人們追求一種連續性。如果有位作家說，我對自己作品的命運不感興趣，那他根本是在撒謊。他這樣說，是為了取悅採訪的人。

評：截至此刻，在你一生中有過憾事嗎？

艾：我為做過的每一件事後悔，因為在人生的各個方面，我犯過許許多多錯誤。但如果讓我從頭再來，老實說，我覺得我還會犯同樣的錯誤。我是說真的。我終生都在檢視自己的行為和思想，批判自我。這方面我極其嚴苛，所以絕不會告訴你，我對自己最嚴厲的批評是什麼，即便給我一百萬美元也不說。

評：有沒有那樣一本書是你還沒寫過但卻熱切渴望想寫的？

艾：有，就一本。五十歲以前，貫穿我整個青年時期的夢想，是寫一本關於喜劇理論的書。為什麼？因為每本探討這個主題的書，至少我所能讀到的那些，寫得都不成功。從佛洛依德到柏格森，每個喜劇理論家都解釋了這一現象的某個方面，但不是全部。這個現象太複雜，以致沒有理論，或者說迄今為止沒有一種理論，能夠把它解釋通透。因此，我對自己說，我要寫出真正的喜劇理論。但之後證明，這項任務異常困難。如果能明確知道它為什麼這麼困難，我就有了答案，就能寫出這本書了。

評：但你已經寫過論美，還有新近論醜的書，這些難道不是一樣難以捉摸的概念嗎？

艾：和美、醜相比，喜劇更令人驚歎。注意，我談的不是笑的問題，喜劇性裡有一種神奇的情感，非常複雜——以致我無法說清楚。唉，我為何還沒寫出這本書，原因就在這兒。

評：如你所言，和說謊一樣，喜劇是人類專屬的產物？

艾：對，因為動物似乎缺乏幽默感。我們知道，動物有玩樂的意識，會傷心、會哭、會難受。有證據證明，動物與我們嬉戲時，會覺得快樂，但沒法證明它們有喜劇細胞，那是人類獨特的經驗，由什麼組成——具體的，我說不出來。

評：為什麼？

艾：好吧，這麼說。我猜這和一件事有關，也就是說，動物當中唯有人類知道自己必定會死。別的動物不知道，它們只在當下、

安伯托‧艾可 Umberto Eco

死去的那一刻才理解死。它們沒辦法明白地表述出「人終將一死」這類說法。人類有辦法，我們有宗教、祭祀等諸如此類的，可能就是這原因。我覺得喜劇是人類恐懼死亡做出的典型反應。如果你再問下去，我就答不上來了。但也可能，我現在製造了一個空白的謎團，讓每個人以為我的作品集裡有一本關於喜劇理論的書，因而我死後，人們會花許多時間，試圖找出我寫的那本神祕之書。

其實，真正的實情是，我想寫一本有關喜劇的書的願望，演變成我寫了《玫瑰的名字》。當你無法構建一套理論時，你可以講述一個故事；這只是其中一個例子。我相信，《玫瑰的名字》書中，通過敘事的形式，我的確具體展現出某種喜劇理論。喜劇性是摒除盲從的一個必要途徑。每條真理宣言的背後，都藏有懷疑那惡魔般的影子。（張芸／譯）

（原載《巴黎評論》第一八五期，二〇〇八年夏號）

---

1 Armand Pierre ARMAN，原名阿曼德・費爾南德茲（Armand Fernandez, 1928—2005），美國當代藝術家，生於法國尼斯。

2 Ian Fleming，即「〇〇七」系列電影的原著作者。

LINK 16

巴黎評論 · 作家訪談錄 II
The Paris Review: Interviews *Vol.2*

作　　者	《巴黎評論》編輯部
譯　　者	吳筠 等
校　　訂	崔宏立
總 編 輯	初安民
責任編輯	施淑清
美術編輯	林麗華
校　　對	施淑清
發 行 人	張書銘
出　　版	**INK**印刻文學生活雜誌出版有限公司
	新北市中和區建一路249號8樓
	電話：02-22281626
	傳真：02-22281598
	e-mail：ink.book@msa.hinet.net
網　　址	舒讀網 http://www.sudu.cc
法律顧問	巨鼎博達法律事務所
	施竣中律師
總 代 理	成陽出版股份有限公司
	電話：03-2717085（代表號）
	傳真：03-3556521
郵政劃撥	19000691 成陽出版股份有限公司
印　　刷	海王印刷事業股份有限公司
港澳總經銷	泛華發行代理有限公司
地　　址	香港新界將軍澳工業邨駿昌街7號2樓
電　　話	(852) 2798 2220
傳　　真	(852) 2796 5471
網　　址	www.gccd.com.hk
出版日期	2016年10月　初版
ISBN	978-986-387-118-7

定價　　260元

THE PARIS REVIEW: INTERVIEWS Vol.2
Copyright© 2006, The Paris Review
Complex Chinese translation copyright© 2016 by **INK** Literary Monthly Publishing Co.,Ltd
This edition arranged with The Wylie Agency (UK) Ltd.
All Rights Reserved
Printed in Taiwan

國家圖書館出版品預行編目資料

巴黎評論 · 作家訪談錄II／《巴黎評論》編輯部 著．

吳筠 等譯. --初版. --新北市中和區：INK印刻文學，
2016.10 面；　　公分. --（Link；16）
譯自：The Paris Review: Interviews
ISBN 978-986-387-118-7 （平裝）

1.作家 2.訪談 3.文學評論
781.054　　　　　　　　　　105013998